Jana Frey wurde 1969 in Düsseldorf geboren, studierte Literatur, Geschichte und Kunst in Frankfurt, den USA und in Neuseeland. Sie hat bereits zahlreiche Kinder- und Jugendbücher veröffentlicht und arbeitet auch fürs Fernsehen. Jana Frey lebt mit ihrer Familie in Süddeutschland.

Bei Fischer sind von ihr auch die Jugendbücher ›Der verlorene Blick‹, ›Rückwärts ist kein Weg‹, ›Schön‹ und ›Schwarze Zeit‹ erschienen.
Weitere Titel sind in Vorbereitung.

Jana Frey

Noras Geschichte

Verrückt vor Angst

Ein Mädchen in der Jugendpsychiatrie

Fischer Taschenbuch Verlag

www.fischerverlage.de

Zu diesem und vielen weiteren Schatzinsel-Titeln können Sie unter *www.lehrer.fischerverlage.de* Unterrichtsmaterialien herunterladen.

Diese Geschichte basiert auf wahren Begebenheiten.
Die Namen und Schauplätze sind von der Redaktion geändert.

Für Nora
Außerdem für meine Freundin Ute Siegmundt

6. Auflage: August 2012

Veröffentlicht im Fischer Taschenbuch Verlag,
einem Unternehmen der S. Fischer Verlag GmbH,
Frankfurt am Main, September 2005

Lizenzausgabe mit freundlicher Genehmigung
des Loewe Verlages, Bindlach
© 2001 Loewe Verlag GmbH, Bindlach
Druck und Bindung: CPI – Clausen & Bosse, Leck
Printed in Germany
ISBN 978-3-596-80559-4

Nach den Regeln der neuen Rechtschreibung

PROLOG

Toter Mann, sag,
wie geht das Sterben an?
Tut es weh
oder ist es angenehm?
Geht man fort
oder kommt man
nach einer langen Reise an?
Toter Mann,
warum fürchte ich mich dann?
(Klaus Hoffmann)

Nora ist heute siebzehn Jahre alt, und zu unserem ersten
Treffen bringt sie ihren Hund mit. Wir fahren in den Stadtwald und machen dort einen langen Spaziergang. Nora
scheint sich in diesem Wald gut auszukennen, denn obwohl wir kreuz und quer durchs Dickicht stapfen, verliert
sie nie die Orientierung. Wir laufen und laufen und laufen, und ich komme kaum hinterher, denn Nora macht
Riesenschritte. Noch nie bin ich derartig schnell durch einen Wald gestürmt.

Nora hat im vergangenen Jahr sechs Monate in einer Jugendpsychiatrie gelebt.

Sie hat eine schwere Zeit hinter sich, auch wenn man
sich das heute kaum vorstellen kann. Sie lacht und ist ein
bisschen überdreht, und ihre Geschichte sprudelt nur so
aus ihr heraus. Ängstlich wirkt sie gar nicht, dabei ist ihr
größtes Problem ihre schreckliche Angst.

In den darauf folgenden Wochen treffen wir uns öfter,
reden sehr viel miteinander, in Noras Wohnung, bei ihrem
Lieblingsitaliener und immer wieder im Wald. Wenn sie

erzählt, kommt es mir so vor, als erzähle sie die Geschichte einer anderen Person, und doch war sie es, die das Leben nicht mehr ertrug und deren Ängste sie schließlich so weit trieben, dass sie versuchte, sich das Leben zu nehmen.

„Ich hasse den Tod. Ich hasse den Tod wirklich. Oft wünsche ich mir, ich wäre nie geboren worden, denn dann müsste ich nicht eines Tages sterben.

Rolli ist gestorben. Er war mein Meerschweinchen. Ticktack ist gestorben. Er war mein Hund. Tante Fiona in Amerika ist gestorben. Meine beiden Omas sind gestorben. Mein Onkel Severin ist gestorben, dabei war er erst dreißig Jahre alt.

Und Lea ist gestorben.

Ich habe wirklich schreckliche Angst vor dem Tod."

1

Es war März, und der Winter ging zu Ende, so wie er es jedes Jahr irgendwann tut. Ich saß auf meiner Fensterbank und sah nach draußen in den Himmel, sah zu, wie langsam die Sonne aufging. Allerdings ging sie irgendwo hinter den letzten Winterwolken auf. Direkt sehen konnte man sie nicht, aber die Wolken leuchteten sehr hell, so hell, dass man fast die Augen zusammenkneifen musste. Und die Luft roch nach Frühling, sogar die Luft in meinem Zimmer.

Ich habe den Winter viel lieber als den Frühling. Ich mag es, wenn die Bäume kahl sind, ich finde sie so am schönsten. Sie sehen dann sehr verletzlich und zart aus. Ich habe es gerne, wenn man sich jeden einzelnen Zweig anschauen kann, bis hin zum allerkleinsten. Ich mag auch die Luft im Winter. Ich liebe es, wenn es kalt ist. Am besten ist es natürlich, wenn Schnee liegt, weil der Schnee die Welt leise und friedlich und überschaubar macht. Aber auch ohne Schnee ist der Winter die beste Jahreszeit. Ich mag eisigen Regen und kalte, nasse Luft. Und ich finde matschige Wiesen und düsteren Nebel und Warmangezogensein schön.

„Du bist ja verrückt", sagt meine Freundin Verena jeden Sommer, wenn ich mich bereits auf den nächsten Winter freue. Verena und ich sind schon seit vielen Jahren befreundet, und ich bin immer wieder überrascht darüber, dass sie mich tatsächlich mag, obwohl wir so unterschiedlich sind und eigentlich gar nicht zusammenpassen.

Eigentlich passe ich nirgends so richtig hin, und ich glaube, es liegt daran, dass ich fast nie richtig fröhlich bin. Ich fühle mich immer ernst und ein bisschen unwirklich, und ich bin gerne alleine.

Meine Mutter hat eine kleine Buchhandlung, in der sie den ganzen Tag steht und Bücher verkauft. Wenn sie ausnahmsweise einmal nicht in ihrem Laden ist, dann ist sie meistens im Bürgerzentrum oder im Institut für politische Bildung. Sie liebt es, unter Menschen zu sein, und hat immerzu tausend Ideen im Kopf. Sie engagiert sich gegen rechte Gewalt und hat ein Elternhaus für krebskranke Kinder mitgegründet. Solange ich zurückdenken kann, ist es so gewesen, und als ich klein war, nahm sie mich überall dorthin mit.

Mein Vater ist Architekt. Er hat ein Büro in der Stadt, in dem er von morgens bis abends sitzt und Häuser und Kaufhäuser und moderne Bürokomplexe entwirft. Früher gehörte das Büro nicht nur meinem Vater, sondern auch seinem jüngeren Bruder Severin, und darum steht auf dem Firmenschild auch immer noch „Architekturbüro Michael & Severin Esslin". Aber mein Onkel ist seit vier Jahren tot. Das Schild ist trotzdem hängen geblieben. Und an der Magnetwand neben dem großen Konstruktionscomputer, an dem er früher immer gesessen hat, hängen sogar noch ein paar eilig hingekritzelte Notizzettel in seiner Handschrift. Keiner hat sie abgehängt, weder mein Vater noch seine Sekretärin noch der neue Angestellte, den mein Vater nach Severins Tod eingestellt hat und der jetzt an Severins Computer neben der Magnetwand sitzt. Ich glaube, mein Vater will die ganze Geschichte immer noch nicht wahrhaben. Oder er will sie vergessen.

Es ging alles sehr schnell damals. Mein lustiger, vergnügter Onkel fühlte sich plötzlich abgespannt und müde. Dabei war er immer kerngesund gewesen. Jeden Abend nach Büroschluss zog er sich seine Joggingsachen an und machte einen langen Lauf durch den Park. Ein paar Mal war er sogar beim Stadtmarathon mitgelaufen.

„Ich glaube, ich werde alt", sagte Severin damals, als er nach einem Lauf bei uns vorbeischaute und sich mit einem Handtuch seine verschwitzten Haare trockenrubbelte. „Meine Kondition lässt in den letzten Tagen wirklich sehr zu wünschen übrig."

Mein Vater lachte. „Das ist die Krise, die alle mit dreißig durchmachen", sagte er und warf meinem Onkel gut gelaunt einen Apfel zu. Ich kann mich noch genau daran erinnern.

„Da, iss mal ein paar Vitamine, du Greis", sagte er.

Es war der letzte Besuch meines Onkels in unserem Haus. Und es war auch sein letzter Lauf durch den Stadtpark gewesen, denn am nächsten Morgen wurde er beim Aufstehen ohnmächtig und kam ins Krankenhaus. Und zwei Wochen später war er tot.

Bis heute kann ich nicht daran zurückdenken, ohne dass mir schwindelig wird vor Entsetzen.

„Es war Krebs", erklärten meine Eltern allen Freunden und Bekannten und Nachbarn. „Ein Gehirntumor, ganz tief im Kopf."

Ich werde diese Worte nie vergessen. Sie sind auch ganz tief in meinem Kopf. Damals habe ich mich immer wieder vor den Spiegel gestellt und mir mein Gesicht und meinen Kopf betrachtet. Wie oft hatte ich gehört, dass ich weder meiner Mutter noch meinem Vater ähnlich sehe, dafür aber meinem Onkel wie aus dem Gesicht geschnitten sei. Die gleichen grüngrau gesprenkelten Augen, die gleiche sommersprossige Nase und die gleichen Haare. Ich schaute mich besorgt an. Vielleicht ging die Ähnlichkeit noch weiter. Vielleicht hatte ich ja auch einen Tumor tief in meinem Kopf, an dem ich sterben würde. Ich war zwölf damals, und ich wurde fast verrückt vor Angst. Tagelang zitterte ich von Kopf bis Fuß. Ich zitterte, und ich biss die

9

Zähne fest aufeinander, denn wenn ich das nicht tat, schlugen sie laut klappernd aufeinander wie bei einem Menschen, der entsetzlich friert.

„Nora, was ist denn?", fragte mich meine Mutter besorgt.

„Nichts ...", murmelte ich und schlich mich in mein Zimmer.

Abends kam mein Vater zu mir.

„Nora, was ist los mit dir? Ist es wegen Severin?"

Ich zuckte mit den Achseln und dachte an das, was in Severins Kopf passiert war. Ich horchte in mich hinein, und mir wurde eisig vor Angst.

„Mein Kopf fühlt sich so komisch an in den letzten Tagen", flüsterte ich der Zimmerwand zu. „Vielleicht habe ich ja auch ..."

„Unsinn", sagte mein Vater und legte seinen Arm um meine Schulter. „Du hast gar nichts."

„Aber vielleicht doch?", murmelte ich verzweifelt, schloss die Augen und biss die Zähne wieder fest zusammen.

Mein Vater saß noch lange an meinem Bett und sagte mir wieder und wieder, dass ich ganz und gar gesund sei und mein Kopf in Ordnung und dass mir nichts passieren würde. Irgendwann schlief ich erschöpft ein, und als ich mitten in der Nacht aufwachte, war mein Vater schlafen gegangen und mein Zimmer still und leer und dunkel.

Benommen lag ich da und horchte in mich hinein. Mein Kopf fühlte sich schwer an, merkwürdig schwer. Vorsichtig richtete ich mich auf und stieg aus dem Bett. Ich stand in meinem dunklen Zimmer und versuchte herauszufinden, ob ich nun auch ohnmächtig werden würde wie mein Onkel, als er morgens aus seinem Bett aufgestanden war.

In meinem Kopf rauschte es beunruhigend, und ich spürte meinen Herzschlag bis in den Hals hinein. Und wieder begannen meine Zähne klappernd aufeinander zu schlagen. Ich stolperte bis zu meinem kleinen Dachfenster und lehnte meine Stirn gegen die kalte Fensterscheibe. Ob ich ebenfalls starb? Ich fühlte mich so unwirklich, so schwindelig und zittrig. Fühlte sich Sterben so an? Wie spät es wohl war? Neben meinem Bett stand mein kleiner Radiowecker, aber ich konnte meine Beine nicht dazu bringen, den kurzen Weg zurückzulegen. Verzweifelt klammerte ich mich an das Fensterbrett. So blieb ich lange, lange stehen. Und als ich morgens aufwachte, lag ich zusammengerollt vor dem Fenster auf dem Teppich. Erleichtert richtete ich mich auf und fühlte mich wieder lebendig.

Und immer war da Lea. Ein Schatten über meinem Leben und vor meinem Leben. Schon lange, bevor das mit meinem Onkel geschah.

Meine Mutter sagte oft, im Grunde sei ich Lea.

Und mein Vater sagte gar nichts dazu. Er schwieg, wenn Leas Name fiel, und presste höchstens die Zähne fest aufeinander, wie ich es nach Onkel Severins Tod getan hatte. Vielleicht tat er es einfach so, vielleicht aber auch, um seine Zähne daran zu hindern, laut zu klappern vor Traurigkeit.

Lea hat nicht viel hinterlassen. Ein Foto von ihr hängt in unserer Küche und daneben ein kleines Paar Babyschuhe an einem kleinen Nagel.

Meine Freundin Verena schaut das Bild manchmal an, im Gegensatz zu mir, ich habe mir Leas Babygesicht noch nie richtig gründlich aus der Nähe angesehen.

Meine Oma, die letztes Jahr auf Mallorca gestorben ist, kam jedes Jahr an Leas Todestag nach Deutschland, um ihr Grab zu besuchen. Sie sagte dann: „Ich besuche

Lea ...", aber natürlich ging sie nur zum städtischen Friedhof, stellte sich vor dieses winzige Babygrab und schaute
das kleine Holzkreuz an, auf dem Leas Geburts- und Sterbedatum steht und sonst nichts.

„Ich werde diesen Moment nie vergessen", sagte sie oft
und meinte damit den Moment, als Lea starb. Denn dieser
Moment ist ihr Moment gewesen. Mein Vater, der tagelang und wochenlang und monatelang an Leas Bett gesessen hatte, war an diesem Tag durch meine Ankunft verhin-
dert gewesen. Zumindest glaubten meine Eltern das, denn
meine Mutter war schwanger mit mir und hatte Wehen.
Also rief mein Vater seine Mutter an und bat sie, sich an
Leas Krankenhausgitterbett zu setzen, solange er meiner
Mutter auf der Entbindungsstation zur Seite stehen müsse.

Und dann war es aber so, dass meine knapp einjährige
Schwester genau in dieser Nacht starb, während ich doch
noch nicht geboren wurde, sondern erst ganze drei Tage
später.

Lea war mit einem schweren Herzfehler zur Welt gekommen und nach einer langen und komplizierten Herzopera-
tion an einer Lungenentzündung gestorben.

Ich war da, und Lea war fort, und meine Mutter sagte,
ich sei die wiedergeborene Lea, und mein Vater sagte gar
nichts dazu, sondern litt still darunter, dass er nicht bei
Lea gewesen war, als sie starb.

Ich wollte nicht an Lea denken, und ich wollte nicht die
wiedergeborene Lea sein, und ich wollte nicht schuld daran sein, dass mein Vater nicht bei ihr war, als sie starb. Ich
wollte kein Geburtsdatum haben, das so nah am Sterbedatum meiner mir unbekannten Schwester war.

Ich wünschte mir jahrelang, Lea hätte nie existiert.

Ich wollte mit dem Tod nichts zu tun haben.

Ich hasste den Tod.

2

Ich heiße Nora Esslin. Nora Leanne Esslin. Leanne haben sie mich genannt, weil Leanne ähnlich klingt wie Lea, aber doch nicht ganz gleich. Meine Mutter hat das so gewollt damals.

„Du warst Lea ganz ähnlich als Baby", meinte meine Mutter oft.

Mein Vater sagt, das ist Unsinn, denn Lea sei das dünnste und blasseste Baby gewesen, das er jemals gesehen hätte. Außerdem hätte sie immer blaue Lippen gehabt und war leise und verschlafen.

„Und du warst dick und rund und laut und stämmig", hat mein Vater gesagt. „Und außerdem das vergnügteste Baby der Welt."

„Aber ihre Augen waren wie Leas Augen", sagt meine Mutter in solchen Momenten stur.

Auch meine Oma hat mir immer erzählt, was für ein süßes, sonniges Baby ich gewesen sei. „Alle Leute hast du angelacht, und geweint hast du so gut wie nie. Ein richtiger Sonnenschein bist du damals gewesen. Und ein Trost für uns alle nach der schrecklichen Geschichte mit Lea."

Ich saß immer noch an meinem Fenster und sah in den frühlingshellen Himmel hinauf. So zu sitzen und bewegungslos hinauszusehen war schön. Ab und zu flog ein Vogel vorüber, dem ich nachschauen konnte, bis er hinter irgendeinem Baum oder Strauch verschwand.

Ewig konnte ich so sitzen und in meinen Erinnerungen kramen. Hunderte davon stapelten sich in meinem Kopf.

In der hintersten Ecke unseres Gartens, von hier oben nicht zu sehen, liegt mein Meerschweinchen Rolli begraben. Onkel Severin hatte ihn mir zu meinem ersten Schultag geschenkt. Er hatte ihn tatsächlich in eine kleine Pappschultüte gesetzt, auf ein kleines Knäuel Zeitungspapier und mit einer Mohrrübe zum Zeitvertreib.

Bis zum Abend bauten Onkel Severin und mein Vater an einem Meerschweinchenstall für den Garten. Sie benutzten dazu sämtliche alten Holzlatten und verstaubten Bretter, die sie in unserem Keller auftreiben konnten, und weil das immer noch nicht genug war, zerlegte mein Vater schließlich heimlich einen unserer wackeligen Gartenstühle und baute daraus blitzschnell ein Meerschweinchenstalldach, ehe meine Mutter noch begriffen hatte, was hier geschah.

Die Ruine dieses wackeligen Stalles steht heute noch in unserem Garten, obwohl Rolli schon viele Jahre nicht mehr am Leben ist. Sein Grab ist gleich daneben, und früher stand dort auch ein kleines Kreuz, das Onkel Severin zusammengenagelt hatte. Aber das ist natürlich längst verwittert und kaputt. Wie merkwürdig, dass ich mich immer so gut an den Tod erinnern kann. Die Zeit mit meinem lebendigen Meerschweinchen ist mir dagegen nur undeutlich in Erinnerung. Ich weiß noch, wie weich Rollis schwarzes Fell war und dass er einen einzigen kleinen weißen Fleck an seiner rechten Hinterpfote gehabt hat. Aber an mehr erinnere ich mich nicht. Nur an den Tag, an dem er starb. Er hatte einen kleinen Nagel gefressen und war verblutet. Ich weiß noch genau, wie ich ihn fand. Er sah aus, als ob er schliefe. Er lag einfach ganz friedlich auf der Seite und rührte sich nicht. Aber dann bemerkte ich, dass auf seinem kleinen Meerschweinchenmaul ein bisschen getrocknetes Blut klebte. Ich erinnere mich genau, wie ich ganz starr wurde vor Entsetzen und wie ich ins Haus rannte und meinen Vater holte. Und mein Vater entdeckte dann den Nagel. Er steckte immer noch irgendwo hinten in Rollis winzigem Mund. Aus weiter, sicherer Ferne schaute ich zu, wie mein Vater Rolli in einen Schuhkarton legte und anschließend das kleine Grab für ihn aushob, gleich neben dem Meerschweinchenstall.

„Möchtest du vielleicht ein neues Meerschweinchen?", fragte mich meine Mutter am Abend, aber ich schüttelte den Kopf und redete nie wieder von Rolli.

„Nora, komm runter, Verena ist schon da!", hörte ich in diesem Moment die Stimme meiner Mutter. Eilig verdrängte ich meine Erinnerung an das tote Meerschweinchen. Vage schaute ich zu einer anderen dämmrigen Stelle unseres Gartens hinunter. Dort lag Ticktack begraben.

Gleich darauf steckte meine beste Freundin ihren Kopf zur Tür herein.

„Na, grübelst du wieder mal?", fragte sie kopfschüttelnd. „Und das schon so früh am Morgen. Hast du vergessen, dass wir heute eine Matheklausur schreiben?"

Das hatte ich tatsächlich vergessen.

„Immer dasselbe mit dir", sagte Verena und warf mir meine Schultasche zu. „Los, beeile dich, sonst kommen wir nicht nur ein bisschen, sondern richtig zu spät ..."

Unten in der Küche saß meine Mutter am Frühstückstisch.

„Ich habe bestimmt zehnmal nach dir gerufen", knurrte sie mir entgegen.

„Tut mir Leid", murmelte ich und trank einen Schluck Mineralwasser aus der Flasche.

„Kein Frühstück?", fragte meine Mutter und machte ihr So-beginnt-man-aber-keinen-Tag-Gesicht.

„Keine Zeit", sagte ich.

„Warum die plötzliche Hetze?", erkundigte sich meine frühstückende Mutter.

„Matheklausur in der ersten Stunde", sagte ich seufzend und packte mir zwei Äpfel für die großen Pausen in die Tasche.

„Und mal wieder null Komma gar nichts dafür gelernt", murmelte meine Mutter kummervoll. „Hast du wenigstens ein bisschen gebüffelt, Verena?"

Verena zuckte mit den Achseln. „Bei mir ist jede Lernerei für die Katz", erklärte sie und nahm einen Schluck Tee aus der Tasse meiner Mutter. „Das ganze Haus voller Irrer. Tausend Leute zwischen zwei und zwanzig auf einem Haufen – der helle Wahnsinn. Da kann man sich nicht mal das kleine Einmaleins merken."

Sie schwieg einen Augenblick. „Es ist wirklich die Hölle", fuhr sie dann fort. „Warum meine Eltern auf dem Trip waren, rund um mich herum noch fünf andere Kinder produzieren zu müssen, werde ich wahrscheinlich nie begreifen. Sei froh, dass du keine Geschwister hast, Nora."

Ich zuckte zusammen und schaute zu Leas Minifotografie hinüber. Armes, dünnes, totes Baby, dachte ich. Dann warf ich einen kurzen, vorsichtigen Blick auf meine Mutter. Sie war bei Verenas Worten nicht zusammengezuckt, und sie hatte sich auch nicht nach Leas Bild umgeschaut. Stattdessen belegte sie sich ein neues Knäckebrot. Meine Mutter hat eine Brotbelegleidenschaft. Nie würde sie ein Brot einfach nur mit Butter bestreichen und anschließend eine öde Scheibe Käse darauf plumpsen lassen. Nein, sie schmückt ihre Brote wie andere Leute ihren Weihnachtsbaum, ehe sie sie verspeist. Sie rollt Salamischeiben und tupft Senftupfer und steckt Petersiliensträußchen und streut Sesamkörnerinseln und baut Wäldchen aus Sojasprossen, ehe sie auch nur einen Bissen abbeißt.

Verena und ich gingen in die Diele.

„Bei mir wird es heute Abend übrigens spät", rief meine Mutter mir hinterher. „Ich habe nämlich eine interessante Lesung von einem Überlebenden des Holocaust in meinem Laden."

Ich schlüpfte in meine Jacke.

„Wenn ihr Lust habt, könnt ihr auch kommen. Es gibt ein vegetarisches Büfett und ..."

„Jaja", unterbrach ich sie ungeduldig. „Wir müssen jetzt los, tschüss, Mama."

Ich zog Verena hinter mir her, und wir gingen schweigend die Straße hinunter. Verena warf einen prüfenden Blick auf ihre Uhr. „Wir sind schon ein bisschen später als ein bisschen zu spät", erklärte sie seufzend. „Los, am besten, wir joggen ..."

Verena rannte los. Ich ging langsam hinter ihr her. Die Bäume am Straßenrand hatten schon dicke, hellgrüne Knospen. Schön sah das aus. Trotzdem beunruhigte mich ihr Anblick. Ich versuchte an etwas anderes zu denken. Bloß nicht an den kommenden Frühling denken. Denn die Blumen im Frühling machten mir Angst. Es war jedes Jahr dasselbe, mal schlimmer und mal etwas weniger schlimm. Der April war der gefährlichste Monat. Die vielen Tulpen in allen Farben, die Osterglocken in ihrem blendenden Gelb und dazu die noch viel gelberen Forsythiensträucher in allen Gärten und an den Hecken und in sämtlichen Parks, sie machten mir Angst.

„Nun trödel doch nicht so elendig!", rief Verena und winkte mir von weitem ungeduldig zu.

Ich blieb stehen und holte tief Luft. Jetzt nur nicht ner-

17

vös werden. Erstens blühten noch keine Blumen, höchstens ein paar vereinzelte Krokusse und Schneeglöckchen, und zweitens hatten wir es eilig, weil der Mathe-Werner sehr grantig werden konnte, wenn man sich mehr als ein bisschen in seinen Stunden verspätete.

Ich rannte los. Verena rannte auch schon wieder. Fast sofort bekam ich Seitenstechen. Ich erinnerte mich an meinen Onkel, der mich früher ein paar Mal mit zum Joggen genommen hatte und der mir erklärt hatte, dass man gleichmäßig laufen und ruhig atmen müsse. Er hatte mich an die Hand genommen, und wir waren gelaufen und gelaufen und gelaufen. Damals hatte ich auch Seitenstechen bekommen, aber erst viel später und nicht schon nach ein paar läppischen Schritten. Wer weiß, was los war mit mir? Und jetzt wurde mir auch schon wieder so merkwürdig schwindelig ...

Ich biss die Zähne zusammen, verdammt, was war nur los mit mir? Das war doch nicht normal.

„Nora, du Schlappschwanz", rief Verena. „Los, rein in die Höhle des Löwen ..."

Verena stand schon vor dem Schulgebäude. Ich blinzelte mit zusammengekniffenen Augen, weil sich mir alles drehte, die Straße neigte sich, und die Schule dümpelte unscharf hin und her. Ich dachte an Severins Krankheit, an den still in seinem Kopf herangewachsenen Tod, und mir wurde übel.

Trotzdem lief ich weiter.

„Mensch, was hast du denn?", fragte mich Verena, als ich sie endlich erreicht hatte. Ich lehnte mich zitternd an die Mauer.

„Nur mein Kreislauf, glaube ich ...", murmelte ich. „Das habe ich manchmal."

Verena sah mich mit gerunzelter Stirn an. Aber sie sagte

nichts, und dann liefen wir nebeneinander in die Schule hinein.

Mathe-Werner empfing uns ungnädig, wie wir es erwartet hatten.

„Die verehrten Damen sind leider fast zwanzig Minuten zu spät", sagte er gereizt. „Das heißt für euch, ihr habt ärgerlicherweise zwanzig Minuten weniger Zeit, mit Spickzetteln und Abschreiben euer mangelndes Wissen zu vertuschen."

Er drückte uns unsere Arbeitsblätter in die Hand und setzte sich dann zurück auf das Klassenfensterbrett. Der Mathe-Werner hatte, obwohl ich ihn verabscheute, die gleiche Leidenschaft wie ich. Sooft es ging, saß er am Fenster und schaute hinaus.

Ich ging langsam zu meinem Platz. Jakob sah hoch, als ich mich neben ihn setzte. Dann lächelte er und schob sein Heft näher an meines, zum Zeichen, dass ich mich seines Wissens bedienen dürfe, so wie immer.

Ich lächelte schwach zurück. Jakob rechnete eilig weiter. Er war ein merkwürdiger Typ, mit grün gefärbten Haaren und schwarzen Lederhosen und schmuddeligen Sweatshirts und schweren schwarzen Stiefeln, aber dem sanftesten Lächeln, das ich kannte. Er war der beste Rechner der Klasse, und den Mathe-Werner ärgerte das, er schien der Überzeugung zu sein, jemand, der herumlief wie Jakob, müsse eigentlich strohdumm sein und schlechte Klausuren schreiben und um seine Versetzung bangen, anstatt überall die besten Noten einzusammeln, wie Jakob es seit Jahren tat.

Ich schaute mich in der Klasse um. Alle anderen hatten die Köpfe über ihre Hefte gebeugt. Es war sehr leise, angenehm leise. Ich atmete auf und schlüpfte aus meiner Jakke. So schnell meine Angst gekommen war, so schnell

19

konnte sie auch verschwinden. Ich war dann wieder ganz und gar normal. Das Zittern tief in mir drin und das schwindelige Gefühl in meinem Kopf waren einfach weg, so als hätte es sie nie gegeben.

Ich schaute zu Verena hinüber. Verena saß neben Antonio, mit dem sie seit etwa einem Jahr – mit Unterbrechungen – zusammen war. Antonios Eltern waren Portugiesen, und er hatte ebenfalls eine Menge Geschwister, genau wie Verena.

„He, träum nicht …", flüsterte Jakob warnend und tippte mit seinem Zeigefinger auf die erste Aufgabe.

Mechanisch griff ich nach meinem Stift und schrieb die erste Rechnung in mein Heft. Ich verstand kein Wort von dem, was ich schrieb.

„Nora, ich muss gleich umblättern", flüsterte Jakob. „Nun leg mal einen Zahn zu …"

Jakob schob sein Heft noch ein Stück näher an meines und tat, als prüfe er seine bisherigen Ergebnisse.

„Jakob, worauf wartest du?", fragte in diesem Moment der Mathe-Werner und schaute zu uns hinüber.

„Ich werde ja wohl noch meine eigenen Aufgaben durchlesen dürfen", murmelte Jakob und starrte weiter in sein Heft.

„Und das werte Fräulein Esslin prüft der Einfachheit halber gleich mit", knurrte der Mathe-Werner und verließ seinen Fensterplatz, um sich stattdessen hinter Jakob und mir in Position zu stellen. Da schloss ich mein Arbeitsheft.

Und Jakob blätterte seines seufzend um und rechnete alleine zu Ende.

Verena warf mir einen mitleidigen und dem Mathe-Werner einen wütenden Blick zu. Ich zuckte mit den Achseln und verbrachte den Rest der Stunde damit, vor mich hin zu träumen.

Ruhige, friedliche und ganz normale Träume.

Ab und zu schaute ich Jakob von der Seite an, sah die vereinzelten Sommersprossen auf seiner Nase und die grünen zotteligen Haare, die ihm fast bis in die Augen fielen, und sein angewachsenes Ohrläppchen und den Drachenohrring darin.

Jakobs Augen waren so dunkel, dass man die Pupille nicht von der Iris unterscheiden konnte, und das sah schön aus. Überhaupt war Jakob schön, und es war schön, neben ihm zu sitzen.

Am rechten Daumen hatte er eine kleine Warze, an der er manchmal knabberte, wenn er nachdachte. Früher hatte er Geige gespielt, aber seit zwei Jahren spielte er Schlagzeug in einer Band.

Ich zuckte zusammen, als es klingelte und der Mathe-Werner die Hefte einzusammeln begann.

„Das ist ja blöd gelaufen", sagte Jakob entschuldigend und warf sein Heft, anstatt es in die fordernde Hand unseres Mathelehrers abzugeben, im hohen Bogen auf das Lehrerpult vor der großen Wandtafel.

Der Mathe-Werner machte ein böses Gesicht und zischte mir zu, dass ich bei der nächsten anstehenden Klausur ganz und gar und garantiert an einem Einzeltisch sitzen würde. Dann schritt er davon.

„Für den Fall wäre es gut, wenn du dir den Kram endlich mal von jemandem erklären lässt", sagte Jakob nachdenklich. „Zwei verhauene Klausuren hintereinander können echt Ärger machen."

Ich nickte.

„Und du weißt ja, ich stehe jederzeit zur Verfügung."

Ich nickte wieder.

Und dann gingen wir hinunter in die Pause, Verena und Antonio und Jakob und ich.

Wie so oft saßen wir zu viert auf der kleinen Schulwiese, ganz hinten an der Mauer, in einem Winkel, der eingekreist war von der seitlichen Sporthallenwand, der niedrigen Schulhofmauer und einem Kranz aus stacheligen Büschen, an denen noch die knitterigen, braunen Blätter vom letzten Jahr hingen.

Ich hatte mich vorsichtshalber so hingesetzt, dass ich die kleinen, gelben Krokusse unter der noch kahlen Birke nicht ansehen musste. Ich lehnte an der kleinen Pausenhofmauer, und wir unterhielten uns. Wir redeten darüber, was wir mochten, das heißt, Antonio, Jakob und Verena redeten, und ich hörte ihnen zu.

„Ich mag Antonio", sagte Verena.

„Und ich mag Verena", sagte Antonio. „Und ich mag es, wenn ich alleine zu Hause bin."

„Ja, das mag ich auch", sagte Verena und seufzte. „Alleine sein ist ein wahrer, gesegneter Luxus."

„Ich mag mein Schlagzeug", erklärte Jakob. „Und ich mag meine Band und den Sommer in Irland."

„Ich mag Portugal", sagte Antonio.

„Und ich mag Disneyland", grinste Verena. „Nicht das Disneyland in Paris, sondern das echte Disneyland in Florida."

In Florida hatte meine Tante Fiona gelebt, und dort war sie auch gestorben, und wir waren alle hingeflogen, denn meine Mutter hatte an ihrer alten Tante sehr gehangen. Ich hatte damals so gebettelt, auch ins Disneyland zu gehen, aber meine Mutter hatte von den schlimmen Zuständen in den amerikanischen Vorstadtslums gesprochen und von Millionen verschwendeter Dollar, die für blödsinnige Vergnügungsparks ausgegeben wurden. Aus diesem Grund hatte ich in Florida nicht Disneyland, sondern bloß einen Friedhof besucht.

22

„Was magst du gerne, Nora?", erkundigte sich Jakob plötzlich.

„Ich weiß nicht", sagte ich nervös.

„Du musst doch wissen, was du magst", sagte Antonio.

Ich zog meine Jacke enger um mich und sah in den Himmel, in den blendenden Frühlingshimmel.

„Ich mag den Winter", sagte ich schließlich. „Ich mag es, wenn es kalt ist. Dann gehe ich gerne spazieren ..."

„Alleine, oder darf man dich begleiten?", fragte Jakob, und sein Arm berührte meinen Arm.

„Ich gehe meistens alleine", gab ich zögernd zu.

„Ja, alleine mit deinem Walkman", fügte Verena hinzu. „Und den drehst du so auf, dass du garantiert bereits einen Hörschaden hast."

Ich lächelte schwach. „Ich mag eben laute Musik", sagte ich und biss mir auf die Lippen, denn dieses Gespräch ging mir plötzlich zu weit. Schließlich redete ich nie über meine schreckliche Angst, über diese merkwürdigen Zustände, die sich anfühlten wie der Beginn zu sterben. Und laute Musik tat mir eigentlich in den Ohren weh, aber ich hörte sie trotzdem, weil sie mich in der Wirklichkeit, in der Normalität hielt, wenn ich das Gefühl hatte, ins Leere zu taumeln.

„Früher bin ich immer mit meinem Hund spazieren gegangen", sagte ich mühsam, um das Gespräch in eine andere Richtung zu lenken.

„Also nicht ganz und gar alleine", sagte Jakob zufrieden und tippte ein paar Mal mit seinem warmen Zeigefinger gegen meinen kalten.

Ich nickte.

„Ich habe auch einen Hund", fuhr Jakob fort.

„Seit wann hast du einen Hund?", fragte Verena überrascht. Sie wohnte in der gleichen Straße wie Jakob und

23

wusste normalerweise immer recht gut Bescheid über sein Leben.

„Seit einer Woche. Er ist von meinem Opa, der ist in ein Altersheim gezogen, und da war das Vieh nicht erlaubt." Jakob schaute mich an. „Was ist, wollen wir mal zusammen in den Wald gehen mit dem alten Zottelknaben?"

„Ich weiß nicht", murmelte ich.

In diesem Moment klingelte es. Ich sprang auf und bemerkte im selben Moment, wie Jakobs dunkelbraune Augen mich forschend musterten. Ein bisschen gereizt vergrub ich meine kalten Hände in meinen Jackentaschen und ging ein gutes Stück von den anderen entfernt zurück zum Schulgebäude.

Und in dieser Nacht träumte ich wieder meinen Madentraum.

3

Die Sache mit den Maden passierte aus heiterem Himmel. Ich glaube, es war bald nach meinem dreizehnten Geburtstag, ich hatte damals seit kurzem meine Periode und fühlte mich sowieso ziemlich unwohl.

An diesem Tag war Verena bei mir. Es war mitten in der Nacht, in meinem Zimmer war es ganz dunkel. Nur ab und zu, wenn draußen ein Auto vorbeifuhr, tanzten ein paar sekundenschnelle, helle Schatten über meine Zimmerwand.

Verena und ich lagen nebeneinander in meinem Hochbett und redeten.

„Wie oft hast du sie denn jetzt schon gehabt?", erkundigte sich Verena.

„Viermal", sagte ich.

Verena hatte ihre Tage schon über ein Jahr.

„Und, findest du es so schrecklich, wie du es dir vorher vorgestellt hast?"

„Ich weiß nicht ...", murmelte ich. „Ein bisschen eklig ist es schon. So dunkles Blut, meine ich."

„Hm", machte Verena. „Nimmst du Binden oder Tampons?"

Ich schwieg einen Augenblick und starrte in die Dunkelheit.

„Ich wollte eigentlich Tampons nehmen", sagte ich schließlich leise. „Aber ..."

„... aber?", wiederholte Verena.

„Ich schaffe das nicht", murmelte ich. „Ich meine, ich kann sie nicht − es geht einfach nicht ..."

„Ich fand es am Anfang auch komisch, aber dann habe ich es einfach gemacht, weil Binden noch blöder sind."

Ich schwieg und dachte an die letzten Monate zurück. Ja, Verena hatte Recht. Monatsbinden waren scheußlich, und immer hatte ich Angst, jemand könne irgendwie sehen, dass ich sie trug. Außerdem machte ich mir Sorgen, jemand könnte riechen, dass ich diese Dinger benutzte. Zuerst rochen sie wie parfümiert, und dieser Geruch setzte sich sofort in meiner Nase fest, und ich bildete mir ein, jeder, der sich in meine Nähe begab, würde diesen schwachen Parfümduft um mich herum riechen. Und später dann, wenn dieser Duft endlich verflogen war, kam es mir so vor, als würde man jetzt stattdessen den Geruch von Blut an mir riechen können.

Bei uns zu Hause standen eine Menge Aufklärungsbücher herum, meine Mutter hatte immer mal wieder ein neues Buch zu diesem Thema aus der Buchhandlung mitgebracht, und natürlich wusste ich im Grunde, was da passierte und warum und wie es funktionierte und wo es seinen Ursprung hatte.

Aber das war eigentlich nicht das Schlimmste. Die Mengen von Blut, die ich jeden Monat verlor, beunruhigten mich. Denn ich hatte gelesen, dass die Gebärmutter bei jungen Mädchen kaum größer als eine Walnuss war. Wie war es da möglich, dass sich in ihr jeden Monat so viel Blut ansammelte?

Vielleicht war ich ja krank?

Ich lag neben Verena in meinem dunklen Zimmer und spürte, wie ich unruhig wurde. Ich lauschte in mich hinein. Vielleicht hatte ich ja ein Geschwür im Unterleib, so wie es bei Tante Fiona in Florida gewesen war. Vorsichtig tastete ich meinen Bauch ab, während Verena von einem Jungen aus unserer Kofirmandengruppe redete, in den sie seit einer Weile verliebt war.

„Er hat gesagt, er würde gerne mal mit mir ins Kino gehen", erzählte sie zufrieden.

Ich schwieg und ging unter in einer Woge aus Entsetzen. Rechts von meinem Bauchnabel war eine Stelle, die sich viel fester anfühlte als mein übriger Bauch. Dabei tat es nicht weh, es war einfach nur ein fühlbarer Hubbel.

„He, schläfst du etwa?", fragte Verena.

„Nein, nein ...", murmelte ich, und meine Finger zitterten so, dass ich eine Hand mit der anderen festhielt.

„Warum bist du denn plötzlich so schweigsam?", bohrte Verena.

„Ich bin nicht schweigsam", fauchte ich.

„Bist du doch", beharrte Verena. „Oder hast du dich am Ende auch in Konrad verliebt? – Du kannst es ruhig sagen!"

„Blödsinn, ich bin nicht verliebt", sagte ich wütend und tastete wieder nach diesem Hubbel. Aber ich fand ihn nicht wieder. Ich drückte wie wild rund um meinen Bauchnabel herum, und ich hörte mich leise dabei wimmern, obwohl ich verzweifelt versuchte, es zu unterdrücken.

„Was hast du, Nora?", erkundigte sich Verena erschrocken.

„Nichts, nur Bauchschmerzen ...", flüsterte ich.

„Schlimm?", fragte Verena.

„Nein, es geht schon", antwortete ich zitternd.

Da gab mir Verena ihre Hand, und bald darauf schaffte ich es einzuschlafen.

Und am nächsten Morgen waren sie da.

Ich kann mich noch genau erinnern, wie es war, als ich aufwachte. Wir hatten am Abend vergessen, den Rolladen hinunterzulassen, und darum war es schon ziemlich hell im Zimmer, als ich aufwachte. Verena schlief noch, sie lag zusammengerollt neben mir, aber mit dem Gesicht zur Wand.

Zuerst blinzelte ich zu meinem Fenster hinüber. Es regnete, und an dem Baum vor meinem Fenster wurden die Blätter bunt und fielen ab. Ein paar Vögel am Himmel sahen von hier oben fast wie Blätter aus, die durch die Luft getrieben wurden. Unordentlich wirbelten sie hin und her. Ich wickelte meine Decke fester um mich und drehte mich auf den Rücken. Es war Sonntagmorgen und ganz still um mich herum.

Und dann sah ich sie! Die ganze Zimmerdecke über meinem Kopf, über meinem Gesicht, war voller winziger rosa Tierchen. Über und über war die Decke übersät mit dicken, fleischigen, krabbelnden Maden.

Ich lag wie erstarrt da und konnte mich keinen Millimeter rühren. Mein ganzer Körper war wie gelähmt.

In meinem Bauch wurde es kalt, und gleich darauf spürte ich inmitten dieser unheilvollen, eisigen Kälte ein grauenvolles Kribbeln und Rumoren. Mühsam schaffte ich es, einen Arm zu bewegen, und ich presste meine Hand voller Panik auf meinen kalten, kranken Unterleib. Denn, ganz klar, von dort kamen diese Maden. Sie waren aus mir herausgekommen, aus mir herausgekrabbelt, aus meiner Vagina, aus der seit ein paar Wochen auch dieses klebrige, dunkle Blut herauskam.

In diesem Moment wachte Verena auf.

„Igitt, was ist denn hier los?", rief sie entsetzt und flüchtete aus dem Bett. Sie stolperte über die Hochbettleiter und landete jammernd auf meinem Flokatiteppich. „Los, Nora, rette dich!", rief sie zu mir hinauf.

Da konnte ich mich plötzlich wieder bewegen. Millimeter für Millimeter bewegte ich mich vorwärts und kroch zur Leiter.

Es war, als ob ich noch ein zweites Mal erwachte, als wäre Verena die Erste gewesen, die diese schrecklichen Tiere an der Zimmerdecke entdeckt hätte und nicht ich.

„Wo kommen diese Viecher bloß her?", rief Verena und stürzte in die Küche, um gleich darauf mit dem Staubsauger zurückzukommen.

„Los, hoch mit dem Ding ...", schnaufte sie. „Wo ist denn hier in der Nähe eine Steckdose, verflixt?"

Mechanisch zog ich das Kabel aus dem Staubsaugergehäuse und steckte es mit zitternden Fingern in eine Steckdose.

„Los, weg mit euch, ihr Biester!", rief Verena kriegerisch in das Staubsaugergebrumm hinein und fuhr mit dem Sauger über die Zimmerdecke.

Ein paar Maden rieselten neben ihr in mein zerwühltes Bett.

„Igitt!", jammerte Verena wieder. „Los, Nora, bring mal was zum Madenerschlagen herauf!"

Aber ich rührte mich nicht.

„Am besten unser Mathebuch, das ist dick und riesig und scheußlich genug für diese grässliche Aufgabe."

„Ich kann nicht, wirklich nicht ...", flüsterte ich fast tonlos und starrte weiter starr hinauf an die Zimmerdecke.

„Was hast du gesagt?", rief Verena und saugte und saugte. Ich wendete mühsam meinen Blick von der Zimmerdecke ab und betrachtete stattdessen vorsichtig den brummenden Staubsauger, der mitten auf meiner Bettdecke stand und in dessen Bauch jetzt die vielen fleischfarbenen Maden herumkrabbelten, irgendwo tief im grauen Staubsaugerbeutel.

In diesem Moment steckte mein Vater seinen Kopf zur Tür herein.

„Was tut ihr zwei denn hier, in Dreiteufelsnamen?", klagte er vorwurfsvoll. Baumlang und im Morgenmantel und mit sehr zerzausten Haaren stand er da und starrte verwirrt zu Verena und dem lärmenden Staubsauger hinauf. Ticktack, mein Hund, stand schwanzwedelnd neben ihm und leckte ihm die nackten Fußzehen. Das tat Ticktack immer, wenn er jemanden mit nackten Füßen ausfindig machen konnte.

„Veranstaltet ihr jetzt schon sonntagmorgens um acht Uhr Hausputz?", klagte mein Vater etwas lauter, weil ihm das erste Mal niemand geantwortet hatte. „Das ist doch sonst nicht eure Art. Normalerweise seid ihr ja eher für das Dreckmachen zuständig und überlasst den schnöden Vorgang des Putzens der älteren Generation."

Verena wies stumm zur Zimmerdecke, auf der noch immer vereinzelt ein paar Maden herumkrochen.

Mein Vater legte den Kopf in den Nacken.

„Du lieber Himmel", jammerte er im nächsten Augenblick und verzog das Gesicht. „Wo kommen die denn her?"

Ich stand starr da und fror so sehr, dass ich von Kopf bis Fuß zitterte. Ich hatte meine Arme vor meinem Bauch verschränkt und presste meine Unterarme gegen meinen kalten Unterleib, in dem es immer noch rumorte.

„Nora, kannst du dir das irgendwie erklären?", erkundigte sich mein Vater und kletterte ein Stück die Hochbettleiter hinauf, um die winzigen Tiere aus der Nähe zu betrachten.

Ich schüttelte den Kopf und versuchte, mich zu beruhigen. Keiner war bisher auf die Idee gekommen, diese schrecklichen Wesen könnten etwas mit mir zu tun haben, weder Verena noch mein Vater hatten auch nur den Anflug einer Andeutung in diese Richtung gemacht. Also waren diese Maden sicher nicht aus mir hervorgekrochen.

Mein Vater klaubte ein paar von ihnen von der Wandtapete, auf der sie jetzt auch herumkrabbelten. Aber es wurden mit jeder Minute weniger, und gleich darauf war der Spuk vorüber.

Mein Vater packte den Staubsauger und trug ihn in die Küche. Dort öffnete er ihn vorsichtig, zog hastig den Staubsaugerbeutel heraus und versenkte ihn in einer Mülltüte, die er fest verknotete.

„Los, Ticktack, machen wir eben einen frühen Sonntagmorgenspaziergang", sagte er anschließend, „und versenken diese gräuliche Tüte tief in der Mülltonne."

Ticktack galoppierte erfreut zur Tür, und mein Vater wankte gähnend hinterher. Ich saß benommen am Küchentisch und klammerte mich an der Tischplatte fest.

„He, Nora, das Drama ist vorbei", rief Verena vergnügt und setzte sich neben mich. „Ist dir eigentlich klar, dass du

weiß wie die Wand bist?", fügte sie hinzu und stieß mir ihren spitzen Ellenbogen aufmunternd in die Seite.

Ich gab mir einen Ruck. „Verena, wo kamen denn diese – grässlichen Wesen her?", fragte ich leise.

„Das werden wir jetzt als Nächstes herausfinden", sagte
Verena und sah sich in der Küche um. „Hier sind diese
Biester jedenfalls nirgends", stellte sie zufrieden fest. „Sie
müssen also in deinem Zimmer hausen. Kein sehr appetit-
licher Gedanke."

Verena zog mich am T-Shirt-Ärmel. „Los, Nora, gehen
wir auf geheimnisvolle Madensuche ..."

Sie grinste, und ich versuchte ebenfalls zu grinsen, aber
ich schaffte es nicht. Immer noch war meine Angst, die
Maden könnten in irgendeiner Weise doch von mir stammen, nicht ganz und gar verschwunden. Wir gingen zurück in mein Zimmer.

„Direkt unheimlich, was?", murmelte Verena und öffnete vorsichtig meinen Schrank, um hineinzuschauen. „Be-
wahrst du hier irgendwo geheime Fressalien auf, vergesse-
ne Kekse oder so etwas wie einen alten, vergammelten,
mumifizierten Pizzarest?"

Ich schüttelte den Kopf, während Verena sorgfältig hinter mein altes Klavier linste und anschließend unter meine
Kommode und hinter die Heizung schaute.

„Nichts und nichts und noch mal nichts ...", murmelte
sie bedauernd. „Aber was steht denn da hinter deiner
Tür?", fragte sie plötzlich und zeigte auf Ticktacks Rie-
sentrockenfuttersack, den meine Mutter letzte Woche vom
Tiergroßhandel mitgebracht und dort abgeladen hatte mit
der Aufforderung, ich möge ihn in den Keller tragen, weil
er zu groß für die Küchenspeisekammer sei. Aber das hatte ich, wie schon so oft, vergessen, und darum stand der
Sack immer noch dort.

31

„Das ist Ticktacks Futtervorrat", sagte ich achselzuckend. Verena schnalzte ahnungsvoll mit der Zunge und näherte sich dem Hundefutter vorsichtig. Mit spitzen Fingern öffnete sie die große Papptüte und schrie auf.

„Nora, das musst du dir ansehen!", rief sie im nächsten Moment beeindruckt. „Aber reiß dich zusammen, damit dich dieser Horroranblick nicht umhaut."

Und ich riss mich zusammen und warf einen schnellen Blick in den geöffneten Futtersack. Dort drin wimmelte es nur so von rosa Minimaden. Das ganze Flockenfutter schien lebendig geworden zu sein.

„Ist das nicht supereklig?", sagte Verena schaudernd.

Ich nickte, natürlich nickte ich, aber innerlich atmete ich auf und fühlte mich gesund und lebendig und federleicht.

Wie war ich bloß auf die lächerliche Idee gekommen, diese Maden hätten etwas mit mir zu tun?

Jetzt schaffte ich es auch, Verena zuzugrinsen, und dann packte ich behutsam den schaurigen Futtersack und trug ihn hinaus zur Mülltonne.

Aber seit damals träume ich den Madentraum, immer wieder.

Und in diesen Träumen geschieht immer das Gleiche. Immer ist Ticktack dabei, mein weicher, wolliger Irishsetter-Mischling, der im vergangenen Winter von einem Auto überfahren worden ist. Mal bin ich mit Ticktack im Wald, mal sitze ich auf der Schulwiese, zusammen mit Verena und den anderen, und mal sitze ich im Schulorchester mit meiner Oboe. Immer beginnt der Traum schön, und ich bin in diesen Träumen viel vergnügter als in Wirklichkeit. Ticktack liegt zu meinen Füßen, so wie er es früher getan hat, und meistens bin ich traumbedingt barfuß, und Ticktack leckt meine Zehen und schaut schwanzwedelnd zu mir hinauf. Aber dann kommen jedes Mal die Maden. Manchmal quellen sie mir aus dem Mund, und manchmal sogar aus meinen Augen. Ich presse mir dann den Mund mit beiden Händen zu und kneife die Augen fest zusammen, aber es nützt nichts, es kommen trotzdem immer mehr Maden.

Aber keiner außer mir scheint die Maden sehen zu können. Die Spaziergänger im Wald, meine Klassenkameraden in der Schule und unser Orchesterleiter, niemand kommt mir zu Hilfe, niemand erschrickt, niemand beachtet mich.

Die Maden begraben mich unter sich, und ganz langsam gehe ich unter und sterbe.

Und jedes Mal wenn ich nach diesem Traum aufwache, ist mein Gesicht tränenüberströmt.

Aber ich wachte wenigstens wieder auf. Als Kind habe ich jahrelang geglaubt, ich würde wirklich sterben, wenn ich es im Traum täte.

„Das gibt es nicht, Nora", erklärte mir meine Mutter wieder und wieder, wenn ich mich abends nicht traute einzuschlafen. „Ein Traum ist ein Traum, und sonst nichts. Er tut dir nichts, ganz sicher nicht."

Aber ich war mir nicht sicher. Ich hatte immerzu Todesangst.

4

Jakob und ich gingen tatsächlich zusammen in den Wald. Es war jetzt richtig Frühling, der Wald war über und über zartgrün, an jedem Zweig, auch am allerkleinsten, sprossen winzige, hellgrüne Blätter.

„Schön hier, was?", rief Jakob gut gelaunt und warf einen

Stock für den Hund seines Großvaters. Ich musste an Ticktack denken, und wie so oft fiel mir als Erstes sein Tod ein.

„Mein Hund ist letztes Jahr überfahren worden", sagte ich leise und sah dabei auf den Boden.

Jakob schaute mich an, aber er sagte und fragte nichts.

Ein paar Schritte lang schwiegen wir beide.

„Ich war alleine mit ihm unterwegs", sagte ich dann. „Eigentlich war es ein schöner Tag gewesen."

Ich schwieg wieder, weil ich spürte, wie ich Kopfschmerzen bekam. Vielleicht war es besser, nicht an Ticktack zu denken oder von ihm zu sprechen.

Der helle Wald machte mich nervös.

„Mir ist kalt", murmelte ich schließlich. „Ist es noch weit?"

„Wir laufen doch nicht einmal eine Viertelstunde", sagte Jakob und lächelte mich an. „Willst du vielleicht meine Jacke haben?"

Ich schüttelte den Kopf und konnte meine Erinnerung an Ticktacks Todesnachmittag nicht wegdrängen.

„Ich mag Nadelwälder lieber als Laubwälder", sagte ich bedrückt.

„Tatsächlich? Ich mag Laubwälder lieber", erwiderte Jakob und warf wieder einen Stock für seinen Hund. Der Hund war ein kleiner, wilder Spaniel, schon grau um die Schnauze und nicht besonders hübsch, aber dafür schnell wie ein Pfeil und sehr vergnügt.

„He, Kasper, wie wäre es, wenn du mal einen Stock wiederbringst, ich habe keine Lust, immerzu neue zu suchen."

Kasper bellte übermütig und schleuderte im nächsten Moment seinen Stock im hohen Bogen ins Gestrüpp.

„Ein verrücktes Vieh", sagte Jakob achselzuckend.

„Mein Hund wurde auf einem Feldweg überfahren",

hörte ich mich plötzlich selbst. „Von einem schwarzen Sportwagen mit dunklen Scheiben. Er fuhr viel zu schnell, und dann fuhr er auch einfach weiter, ohne sich um das zu kümmern, was er getan hatte ...“

Ich hörte, wie meine Stimme zitterte, und Jakob hörte es auch. Wir blieben stehen, und plötzlich lehnte ich mein Gesicht an Jakobs Schulter, ganz fest.

„Ich habe Ticktack an den Wegrand gebracht und ihn dort hingelegt. Am Wegrand war der Schnee noch unberührt, es war eine dünne, weiche Schneedecke, wie ein weißer Teppich.“

Ich spürte, wie Jakob seine Arme um mich legte und mit einer Hand sehr sanft und vorsichtig meinen Rücken streichelte.

Kasper sprang winselnd um unsere Beine, er schien nicht damit einverstanden zu sein, mitten im Wald so lange an einer Stelle stehen zu müssen.

„Ticktack sah ganz unverletzt aus, aber er stand nicht auf, er schaute mich einfach nur still an.“

Plötzlich liefen mir warme Tränen über mein kaltes Gesicht. „Er schaute und schaute, und plötzlich brach sein Blick, und er war tot ...“

Ich wurde stocksteif bei dieser Erinnerung und schob Jakob schnell von mir.

„Lass uns weitergehen“, murmelte ich.

„Okay“, antwortete Jakob, und dann gingen wir weiter, und Jakob erzählte mir von seiner Band und warf Stöcke für Kasper und rauchte eine Zigarette und schenkte mir einen kleinen Stein, von dem er behauptete, er habe fast die Form eines Herzens. „Okay, perfekt ist er nicht, diese Ecke ist zu eckig, und die Spitze hier unten ist nicht spitz genug“, sagte er und hielt mir den Stein vor mein Gesicht. „Aber wenn man über diese nebensächlichen Kleinigkeiten mal großzügig hinwegsieht, dann ist es eben doch ein perfektes Herz ..." Er drückte mir den Stein in die Hand.

„Für dich", sagte er und schaute mich mit seinen schwarz-schwarzen Augen an.

„Danke", sagte ich, und es war das Erste, was ich wieder sagte, seit ich ihm von Ticktacks sterbenden Augen erzählt hatte.

Mit dem Bus fuhren wir zurück. Jakob saß neben mir, und Kasper hockte auf seinen Knien.

„Und was machen wir jetzt?", fragte Jakob, als der Bus sich der Innenstadt näherte. „Willst du nach Hause, oder hast du vielleicht Lust auf einen Stadtbummel?"

„Lieber nach Hause", sagte ich und streichelte Kaspers Schnauze.

„Okay, und willst du lieber alleine zu Hause sein, oder dürfen wir dich noch eine Weile mit unserer Anwesenheit beehren?"

Jakob lächelte mir zu, und Kasper kletterte von Jakobs Knien auf meine Knie.

Ich lächelte zurück und hatte plötzlich Herzklopfen. Konnte es sein, dass ich tatsächlich ein bisschen verliebt war in Jakob?

Ich schaute in sein freundliches, ebenmäßiges Gesicht und auf seine wirren, grünen Haare und fühlte mich mit einem Mal wohl.

„Ja klar könnt ihr noch mitkommen", sagte ich.

„Prima", sagte Jakob zufrieden.

Den Rest der Fahrt schwiegen wir, aber es war ein angenehmes Schweigen.

„Hier müssen wir raus", sagte ich schließlich und drückte auf den Halteknopf.

Als wir ausstiegen, trug ich Kasper, und Jakob ging so

dicht neben mir, dass wir mehrmals gegeneinander stießen.

Auf dem Gehweg setzte ich den zappelnden Spaniel zurück auf die Erde.

„Ich weiß nicht, wie ich dir sagen soll, dass du das netteste Mädchen der ganzen Klasse bist", sagte Jakob in diesem Moment. Ich spürte, wie ich rot wurde, und darum beugte ich mich schnell zu Jakobs Hund hinunter, um ihn zu streicheln.

Dabei überlegte ich fieberhaft, was ich jetzt tun sollte. Ich wollte Jakob so gerne sagen, dass ich ihn auch mochte, sehr mochte, und dass ich seine Augen wunderschön fand und dass er gut roch und dass es sich schön anfühlte, wenn er mich in der Schule manchmal rein zufällig berührte, aber ich schaffte es nicht.

Also schwieg ich wieder einmal, und schließlich gingen wir einfach still nebeneinanderher, mit dem keuchenden Kasper an der Leine, der zog und zerrte, als wäre er nicht gerade fast zwei Stunden durch den Wald gesaust, sondern hätte seit Wochen im Zwinger gesessen.

„Bei Fuß, du Wahnsinniger!", sagte Jakob wieder und wieder, aber Kasper kümmerte sich nicht darum.

Gleich darauf bogen wir in eine steile Seitenstraße ein. Am obersten Ende dieser Straße war ein sehr kleiner Park, eigentlich war es nur eine große eingezäunte Wiese mit drei Kieswegen darauf und ein paar Parkbänken, aber wir nannten ihn trotzdem „kleiner Park", und gleich dahinter war das Haus, in dem ich wohnte.

Jakob und ich wanderten die steile Straße hinauf. Und in diesem Moment sah ich das „Maier-Haus". Das Haus trug diesen Namen schon, solange ich zurückdenken konnte, es war das kleinste Haus der Straße, und bis vor zwei Jahren hatte dort ein kleiner, schmächtiger Herr Maier gewohnt, der Kinder nicht leiden konnte und der von einem kleinen Dachfenster seines Hauses seinen winzigen Garten bewachte und außer sich geriet vor Zorn, wenn sich ein Kind diesem Heiligtum auch nur näherte. Dabei war der kleine Garten völlig verwahrlost, und es schien darin nichts anderes zu geben als stachelige Büsche und Sträucher. Aber gerade deswegen zog der Garten generationsweise alle Kinder des Viertels an wie ein Magnet. Es war aufregend, dort herumzuschleichen, wir spielten Schatzsuche, und das Spannendste an diesen Nachmittagen war der gefährliche Herr Maier, der an seinem Dachfenster lauerte, um uns auf unseren Schleichgängen zu ertappen. Aber dann wurde Herr Maier krank, und eines Tages war er nicht mehr da, und die Nachbarn erzählten uns, er sei in ein Seniorenheim gezogen. Aber das war lange nach meinen Abenteuernachmittagen beim „Maier-Haus". Und seitdem stand das Haus leer. So klein und unscheinbar und grau wie es war, schien es niemand haben zu wollen, auch das winzige, ungepflegte Eckgrundstück lockte keine Käufer, und darum hatten sich mit der Zeit alle an das verwahrloste, leer stehende Maier-Haus gewöhnt.

„Sie reißen das Maier-Haus ab!", rief ich verblüfft und blieb stehen. Und tatsächlich, dort rumpelte der Bagger einer Abbruchfirma durch den kleinen Maier-Garten, und der alte, schwarze Schnörkeleisenzaun, der das Haus akribisch umzäunt hatte, war bereits niedergerissen und lag zerstückelt und verbogen auf einem Bett niedergetretener Sträucher. Und der Bagger stand keinen Augenblick still. Mit einem Riesenkrach zerteilte er mit einer mächtigen Eisenschere das Haus in zwei Teile. Es donnerte und krachte, und eine große Staubwolke, die sich nur langsam wieder lichtete, verhüllte das zerstörte Haus.

„Guck mal, das Badezimmer liegt frei!", rief ich Jakob

durch den Krach hindurch zu. Jakob nickte und hielt sich die Ohren zu. Ich konnte meinen Blick nicht abwenden vom Maier-Haus, das jetzt eine Maier-Ruine war. Ich sah, wie die grüne Badewanne aus dem aufgebrochenen Badezimmer kippte und zur Erde krachte. Viele grüne Kacheln folgten ihr. Dann sahen wir das Maier-Wohnzimmer sterben. Es hatte eine gelbliche Tapete, und an der Decke baumelte noch eine altmodische, hässliche Lampe. Und die trudelte, als die Decke brach, ebenfalls in den Schotterhaufen hinein. Fasziniert schaute ich zu.

„He, Nora, wollen wir nicht langsam weitergehen?", rief Jakob mir zu. „Der Krach ist ja fürchterlich. Und außerdem stimmt es mich schwermütig, zuzuschauen, wie ein Haus zerstört wird."

Aber ich wollte noch nicht gehen. Wie gebannt starrte ich das kaputte Maier-Haus an. Gerade zerhackte der Bagger das kleine Dachfenster, hinter dem der zornige, alte Herr Maier uns immer aufgelauert hatte. Glas splitterte, und eine neue Staubwolke stob auf. Krachend fielen die Dachziegel in die Tiefe. Ein paar klatschten sogar auf den Gehweg an der Straßenecke.

Ein paar Minuten später war das Maier-Haus nur noch ein Haufen aus Steinen, Ziegeln, Staub und geborstenem Holz. Mitten auf dem Berg aus Steinen lag eine alte, geschwungene Holztreppe. Das sah traurig aus.

„So schnell kann alles vorbei sein", murmelte ich und fühlte mich eigenartig. Es war die Angst, die ich schon kannte. Aber noch war es auszuhalten. Es war nur ein innerliches Zittern, das durch meinen Körper fuhr.

„Okay, lass uns gehen", sagte ich benommen zu Jakob und warf den Resten des Maier-Hauses einen allerletzten Blick zu.

Wir wanderten durch den kleinen Park.

„Ich schaue oft zu, wenn irgendwo Häuser eingerissen werden", sagte ich leise und schloss die Tür auf. „Aber so ganz und gar habe ich es noch nie gesehen. Bei großen Häusern dauert so etwas viel länger. Aber das winzige Maier-Haus war scheinbar keine große Herausforderung."

Jakob nickte, und ich fühlte mich plötzlich tieftraurig. Wie schnell immer alles vorbei war. Mein Meerschweinchen, mein Hund, mein Onkel. Und sogar das Maier-Haus. Nur Leas Sterben war langsam gegangen. Und das Sterben meiner Großtante in Amerika.

Ich seufzte und spürte, wie eine Welle aus Angst und Gereiztheit in mir aufstieg. Wir gingen in mein Zimmer.

„Was hast du denn?", fragte Jakob verwundert.

„Warum fragst du?", fragte ich zurück.

„Du siehst plötzlich traurig aus."

„Blödsinn", murmelte ich und hockte mich auf mein Fensterbrett. Jakob setzte sich auf den Flokati und kraulte Kasper hinter den lockigen, langen Ohren.

„Du siehst oft traurig aus", stellte Jakob nach einer kleinen, stillen Weile fest. „Du hast einen traurigen Grundblick, das ist es."

Wir schauten uns an.

„Einen *schönen* traurigen Grundblick", fügte Jakob schnell hinterher. „Ich mag deine Augen und deine Augenfarbe."

„Dabei habe ich eine komische Augenfarbe", antwortete ich.

„Gar nicht wahr, Nora Esslin", widersprach Jakob, kam zu mir ans Fenster und betrachtete sich meine Augen aus allernächster Nähe.

„Doch, sie sind ein bisschen braun, ein bisschen grün und ein bisschen grau. Alles zusammengemischt ergibt eine Farbe wie eine Regenpfütze. Dabei hat meine Mutter

40

schöne dunkelbraune Augen, und mein Vater hat schöne blaue Augen. Nur mein Onkel hatte ..."

Ich schwieg.

„Aber die Farben in deinen Augen sind ja gar nicht zusammengemischt", sagte Jakob. „Im Gegenteil, es sind lauter bunte Farbsprenkel nebeneinander. Wie bei einem kostbaren Mosaik."

Da küsste ich Jakob, einfach so. Es überraschte mich selbst. Es war ein kleiner Kuss, unsere Lippen berührten sich nur einen winzigen Moment. Aber es war der beste Moment seit langem.

„Soll ich vielleicht Musik anmachen?", fragte ich danach schnell und ging zu meiner Anlage.

„Okay", sagte Jakob und setzte sich wieder auf den Flokati, wo Kasper lag und schlief.

Das ängstliche Zittern in mir drin hatte für den Augenblick aufgehört. Ich war sehr erleichtert. Ich schob wahllos eine CD in den CD-Spieler und setzte mich dann ebenfalls auf den Flokati. Auf die andere Seite von Kasper. Jakob streichelte Kaspers Kopf, und ich streichelte Kaspers Rükken. Und irgendwann streichelten meine Finger Jakobs, und Jakobs Finger streichelten meine Finger.

Es war das erste Mal, dass ich so etwas tat. Dabei war ich schon sechzehn, und in meiner Klasse hatten fast alle Mädchen einen Freund.

Aber gleich darauf hörte ich meine Mutter nach Hause kommen, und da zog ich meine Hand zurück. Meine Mutter freute sich, als sie sah, dass ich Besuch hatte, und sie lud Jakob ein, zum Abendbrot bei uns zu bleiben.

„Das geht leider nicht", lehnte Jakob höflich ab. „Ich muss nach Hause zu meinem Bruder, meine Mutter geht heute Abend ins Theater, und Eike kann nicht alleine bleiben."

Eike war Jakobs jüngerer Bruder. Er war vierzehn Jahre alt und litt an Autismus. Er konnte kaum sprechen und lebte in seiner eigenen, versponnenen Welt. Ich hatte ihn bisher nur ein einziges Mal gesehen, als Jakob ihn zum Schulfest mit in die Schule gebracht hatte. Still und stumm war er Jakob wie ein Schatten überallhin gefolgt. Er war genauso hübsch wie sein älterer Bruder, er hatte die gleichen dunklen Augen und auch seine ebenmäßigen Gesichtszüge.

„Er sieht eigentlich ganz und gar gesund aus", hatte Verena einmal in einer Pause auf der Schulwiese gesagt.

Jakob hatte genickt, aber dann hatte er erzählt, dass Eike sich manchmal tagelang weigerte, das Haus zu verlassen und dass er stundenlang tonlos weinen konnte, ohne dass man auch nur eine Ahnung davon hatte, was ihn bedrücke. Manchmal schrie er, und auch das konnte er stundenlang durchhalten.

„Wie ein Wolf, der den Mond anheult", hatte Jakob gesagt.

Ich begleitete Jakob und Kasper zur Tür.

„Schade, dass du gehen musst", sagte ich leise.

„Du könntest ja mitkommen", antwortete Jakob.

Ich dachte an Eike und an das, was ich von ihm wusste. Das machte mich nervös.

„Ein andermal", sagte ich darum zögernd.

„Versprochen?", fragte Jakob.

Ich nickte.

„Es war nämlich schön heute", sagte Jakob.

Ich nickte wieder.

„Hast du meinen Stein noch?"

Ich nickte ein drittes Mal.

„Kannst du auch sprechen?", fragte Jakob.

Ich lächelte. „Ja."

„Und kannst du auch küssen?", fragte Jakob.

„Hab ich doch vorhin", sagte ich.

„Ich kann mich kaum noch dran erinnern", sagte Jakob. „Wahrscheinlich ist es einfach zu lange her."

Da stellte ich mich auf die Zehenspitzen und küsste Jakob auf die Nasenspitze.

Der nächste Tag war ein Samstag. Ich wachte sehr früh auf, aber ich rührte mich nicht. Ich lag einfach ganz still da, schaute zum Fenster hinaus und dachte an Jakob, der in diesem Augenblick bestimmt noch schlief. Draußen regnete es, und ein wilder Frühlingswind beutelte den Baum vor meinem Fenster. Ob Jakob mich heute wohl anrufen würde? Vielleicht würde er mich ja fragen, ob ich Lust hätte, wieder mit ihm und Kasper in den Wald zu gehen. Aber vielleicht würde Jakob bei diesem Wetter auch keine Lust auf einen Waldspaziergang haben. Wahrscheinlich würde es so sein. Die meisten Menschen planten keine Ausflüge im Freien, wenn es so regnete wie im Moment.

Nur ich mochte es, gerade bei so einem Wetter draußen herumzulaufen.

Ich rollte mich auf den Bauch und versuchte mir klar darüber zu werden, wie ich nun eigentlich zu Jakob stand. Waren wir jetzt ein Paar? Oder war das gestern nur ein kleiner Flirt gewesen? Zwei winzige gehauchte Küsse konnten viel und wenig bedeuten. Ich spürte, wie ich unruhig wurde. Ob Jakob wohl in mich verliebt war? Gesagt hatte er es jedenfalls nicht. Er hatte nur gesagt, ich sei das netteste Mädchen der Klasse. Aber was hieß das? Und dann hatte er ein paar Minuten ganz leicht meine Finger gestreichelt. Und vorher hatte er gesagt, er fände meine Augen schön. Ob das alles war, was er an mir schön fand? Ich dachte an Verenas schönen, festen Spitzbusen und an

Bernadettes dunkelbraune Ringellocken und an Amandas grüne Augen.

Nervös richtete ich mich auf. Was wäre, wenn ich heute versehentlich vor einen LKW laufen und dabei sterben würde? Würde Jakob dann wohl traurig sein? Oder bloß erschrocken? Und wie lange würde er noch an mich denken, ehe er mich vergaß?

Ich konnte nicht verhindern, dass es passierte. Die Angst kam wie ein bösartiger Wirbelsturm auf mich zu, und vor meinen Augen begann sich alles zu drehen. Verkrampft saß ich in meinem Bett und konnte kaum atmen. Wie wäre es, wenn ich tot wäre? Ich klammerte mich an meine Bettdecke und schloss verzweifelt die Augen. Es würde trotzdem regnen, so wie heute. Es würde Frühling und Sommer und Herbst und Winter werden, so wie immer. Weihnachten würde kommen, und die Stadt würde geschmückt sein, so wie jedes Jahr. Der Baum vor meinem Fenster würde sich im Wind wiegen, so wie jetzt.

Alles würde so bleiben, wie es war. Ob mit mir oder ohne mich.

Sogar die Buchhandlung meiner Mutter und das Architekturbüro meines Vaters würde es weiter geben.

Ich fasste mir voller Panik an den Hals, weil meine Kehle sich immer fester zuzuschnüren schien. Irgendwann hielt ich es nicht mehr aus in meinem stillen Zimmer. Ich kletterte die Leiter hinunter, schlüpfte in meine Jeans vom Vortag und zerrte wahllos den ersten Pulli, den ich finden konnte, aus meinem Kleiderschrank. Eilig schlich ich durch die stille Wohnung und aus der Wohnungstür. Bei den Briefkästen hielt ich einen winzigen Moment inne und klopfte mit zitternden Fingern einmal an unseren Briefkasten. Das musste ich tun, das tat ich jeden Tag, ehe ich das Haus verließ. Dieses Klopfen war wichtig für mich.

Ich tat es schon, solange ich zurückdenken konnte. Warum ich es tat und wann ich damit eigentlich angefangen hatte, wusste ich selbst nicht genau, aber es musste sein, es schützte mich vor Gefahren. Ab und zu war es schwierig, einen unbeobachteten Moment für das Klopfen zu finden. Manchmal war meine Mutter bei mir. Oder Verena, morgens, wenn sie mich abholte.

Immer wieder kam so etwas vor. Beim Nachhausekommen musste ich nicht klopfen, nur beim Weggehen. Schon oft hatte ich versucht, damit aufzuhören, aber es hatte nie lange funktioniert. Es passierten schreckliche Dinge, wenn ich nicht klopfte. Und die Angst wurde dann schlimmer als sonst, unerträglich schlimm.

5

Ich lief hinaus in den Regen und zog im Laufen den Reißverschluss meiner Jacke zu. Es war ziemlich kalt. Zuerst lief ich in den kleinen Park und ging dort einmal alle drei Kieswege ab. Das war auch so etwas, was ich oft tat, weil es mich irgendwie beruhigte. Und anders als beim Briefkastenklopfen konnte ich mich beim Kieswegegehen noch sehr gut an das erste Mal erinnern. Es war kurz nach Onkel Severins Tod gewesen, damals, als ich mir sicher war, ebenfalls einen todbringenden Tumor in meinem Kopf zu haben. Ich lief kreuz und quer und ohne Ziel durch die Straßen, als es plötzlich passierte. Mir wurde merkwürdig schwindelig, und mein Herz fing an, wie rasend zu klopfen. Erschrocken blieb ich stehen. Was war das nur? Passierte mir etwas? Ich horchte voller Panik in mich hinein. Fast sofort bekam ich stechende Kopfschmerzen. Da war er also, der Tumor in meinem Gehirn. Ich hatte es doch

45

gewusst! Vor meinen Augen tanzten helle, unruhige Sterne.

Aber was hatte meine Mutter am Abend zuvor noch gesagt, weil ich so kalte Hände und auch schon Kopfschmerzen gehabt hatte? „Das sind Kreislaufstörungen, Nora", hatte sie gesagt und mich angelächelt. „Das ist ganz normal in deinem Alter." Und mein Vater hatte genickt und gesagt, dass er in seiner Jugend auch oft Kreislaufbeschwerden gehabt hatte. „Du brauchst mehr Bewegung, Nora, das ist alles."

„Mama, Hilfe!", flüsterte ich und versuchte, mich zu beruhigen. Vielleicht hatten meine Eltern Recht, vielleicht waren meine Kopfschmerzen ja wirklich ganz harmlos und ungefährlich. Verena hatte schließlich auch manchmal Kopfschmerzen, und unsere Klassenlehrerin litt sogar unter Migräne und fehlte darum manchmal gleich mehrere Tage hintereinander.

Vorsichtig machte ich ein paar kleine Schritte. Ich gab mir Mühe, ruhig und gleichmäßig zu atmen, und schlich langsam, wie sehr alte Leute es tun, den knirschenden Kiesweg entlang. Ich lief alle drei Wege ab, und plötzlich ging es wieder. Die Kopfschmerzen ließen nach und das schreckliche Schwindelgefühl ebenfalls. Und mit der Zeit schrumpfte auch meine Angst.

So wurde das Kieswegegehen im kleinen Park zu meinem geheimen Beruhigungsspaziergang.

Auch heute wirkte der Park. Nachdem ich alle Wege einmal vorsichtig abgelaufen hatte, war ich ein bisschen ruhiger. Es regnete immer noch, sogar noch stärker als vorher, und ich verließ den Park in Richtung Stadt und schüttelte meine nassen Haare, sodass die Wassertropfen nach allen Seiten wegspritzten.

Ich lief zur Bushaltestelle und achtete vorsorglich da-

rauf, im Vorbeigehen nicht zu der Straßenecke hinüberzu-
schauen, an der gestern noch das kleine, graue Maier-Haus
gestanden hatte.

Wo wollte ich überhaupt hin? Ich warf einen prüfenden
Blick auf meine Armbanduhr. Es war gerade erst halb
neun, und selbst in der Innenstadt würde um diese Zeit
noch kein einziger Laden offen sein. Sollte ich zu Verena
fahren? Bei Verena konnte man problemlos um diese Zeit
auftauchen, ihre kleinen Geschwister kümmerten sich
nicht um das Wochenende und machten ab sieben Uhr
einen gnadenlosen Krach. Da würde es mir keiner übel
nehmen, wenn ich so früh zu Besuch käme.

Aber dann fiel mir ein, dass Verena heute eigentlich offi-
ziell bei mir übernachtete. Dabei war sie in Wirklichkeit
zusammen mit Antonio im Gartenhaus von Bernadettes
Eltern, die davon natürlich nichts wussten. Antonio hatte
seinen Eltern erzählt, er verbringe sein Wochenende bei
Bernadettes Bruder, mit dem er wochentags gemeinsam
zum Karatetraining ging. Ein Besuch bei Verena fiel also
aus. Und Bernadette oder die anderen Mädchen aus meiner Klasse besuchte ich im Grunde nur selten. Höchstens,
wenn ich mal zu einer Geburtstagsfeier eingeladen wurde,
aber das kam erstens nicht oft vor und gab mir zweitens
auch keine Berechtigung, eine von ihnen am Samstagmorgen um diese Zeit aus dem Schlaf zu klingeln.

Da kam ein Bus, und weil ich fror und sehr durchnässt
war, stieg ich ein. Zum Glück hatte ich eine Monatsfahr-
karte und brauchte keinen Fahrschein zu lösen. Ich setzte
mich auf den erstbesten Platz und lehnte meinen nassen
Kopf an die beschlagene Fensterscheibe.

Schade, dass ich keine Oma hatte, die ich jetzt besuchen
konnte. Verenas Oma lebte in einem Seniorenheim, und
wenn Verena sie besuchte, bekam sie Kaffee und Kuchen

und Pralinen, und wenn sie sich verabschiedete, bekam sie einen Kuss und fünfundzwanzig Euro.

Ich seufzte. Manchmal ging ich mit ins Seniorenheim, und dann bekam ich auch Kaffee, Kuchen, Pralinen und Geld, weil Verenas Oma mich gerne hatte.

Warum hatte ich nur so wenig Familie? Großeltern und Tanten und Onkel konnte man einfach so besuchen gehen, auch samstagmorgens um neun.

Am Hauptbahnhof stieg ich aus und stand eine Weile unschlüssig an der großen Zentralbushaltestelle. Irgendwann hielt ich das Herumstehen nicht mehr aus und nahm mir vor, einfach in den nächsten Bus, der hier anhielt, einzusteigen. Der nächste Bus war die Linie 33 und fuhr in den Vorort, in dem Jakob wohnte.

Sollte ich tatsächlich? Ich zögerte, aber dann gab ich mir einen Ruck und stieg ein. Der Bus war voll, und ich musste stehen. Erst als wir die Innenstadt hinter uns gelassen hatten, fand ich einen Sitzplatz. Ich setzte mich und nahm dabei eine liegen gelassene Zeitung in die Hand. Mechanisch überflog ich die Überschriften und Seiten der zerknitterten Zeitung. Auch beim Zeitunglesen hatte ich ein festes Ritual. Zuerst las ich die Witze, dann die Tierverkaufsannoncen, dann die Geburtsanzeigen und zum Schluss die Todesanzeigen.

Die Todesanzeigen interessierten mich am meisten. War jemand dabei, den ich gekannt hatte? Einmal war mein alter Kinderarzt gestorben und ein paar Mal Bekannte meiner Oma.

Mein Onkel und Lea und meine Omas hatten nicht in der Tageszeitung gestanden. Meine Eltern hatten eigene Trauerkarten drucken lassen.

Am Wichtigsten war mir immer, wie alt die Gestorbenen geworden waren. Blitzschnell überflog ich die Geburts-

und Sterbedaten, und je näher ein Geburtsdatum an meinem eigenen Geburtsdatum lag, desto beklommener wurde mir.

Auch an diesem Samstagmorgen im Bus studierte ich sorgfältig die Todesanzeigen. Eine Erna Bierhaus war siebenundneunzig Jahre alt geworden, ein Dr. Dr. Johann Grigoleit war nur dreiundfünfzig Jahre lang lebendig gewesen, und eine Isabella Haberkorn war sogar nur einundvierzig gewesen, ehe sie plötzlich und unerwartet mitten aus dem Leben gerissen worden war. Außerdem war ein Peter Rupp gestorben, der es aber tatsächlich fertig gebracht hatte, hundert Jahre alt zu werden. Ich wollte die Zeitung gerade wieder zur Seite legen, als mein Blick noch einmal auf das Geburtsdatum des hundertjährigen Peter Rupp fiel. Nur weil die Zahlen in alter Schreibweise geschrieben waren, war es mir nicht sofort aufgefallen: Der Tote hatte zusammen mit mir Geburtstag! Da stand mein Geburtsdatum! Ich spürte, wie ich mich beim Luftholen verhaspelte, das war immer ein schlechtes Zeichen. Ein Alarmzeichen! Ich durfte jetzt auf keinen Fall weiterdenken! Ich presste meine Stirn gegen die Busscheibe. Aber es nützte nichts. In mir drin begann es bedrohlich zu summen, und wie immer, wenn ich in Panik geriet, fing alles um mich herum an, zu wanken und sich zu drehen.

„Hilfe", flüsterte ich. Nach dem Geburtsdatum kam das Sterbedatum, bei jedem Menschen auf Erden war das so, irgendwann. Jeder König, jeder Präsident, jeder Kioskbesitzer, jeder Pfarrer und sogar der Papst hatte eines Tages ein Sterbedatum. Und wie wir jedes Jahr unserem Geburtsdatum begegneten, so begegneten wir eigentlich jedes Jahr unserem zukünftigen Sterbedatum, nur wussten wir es nicht. Jeder Tag kam in Frage. Und eines Tages würde dieses Datum auf unserem Grabstein stehen ...

49

Ich rang nach Luft. Heute war Samstag – vielleicht würde ich an einem Samstag sterben. Oder im März. Ich warf einen fahrigen Blick auf das heutige Datum, das in großen Lettern auf der zerknitterten Zeitung neben mir stand.

Heute war der 19. März. Vielleicht würde ich an einem 19. März sterben, und dann würde dieses Datum unwiderruflich zu mir gehören wie mein Geburtstag.

Mein Onkel hatte schließlich all die Jahre, bis er starb, nie ein Problem mit dem 28. Juli gehabt. Der 28. Juli war immer ein ganz normaler, harmloser Sommertag Ende Juli gewesen. Nie hatte mein Onkel am 28. Juli ein ungutes Gefühl gehabt, wieso sollte er auch? Und doch hatte ein 28. Juli ihn getötet. Der 28. Juli war seitdem ein schreckliches Datum.

Ich sah, wie meine Hände zitterten. Meine Beine zitterten auch. Sogar meine Schultern zitterten. Ich versuchte, damit aufzuhören, ich versuchte, mich ganz fest auf meinen Sitzplatz zu pressen, aber es nützte nichts, ich zitterte weiter, es kam mir so vor, als würde sogar mein Kopf wackeln.

Verzweifelt drückte ich den Halteknopf und wankte zur hinteren Ausgangstür. Als der Bus hielt, stolperte ich hinaus ins Freie. Ich schaute mich um. Es hatte aufgehört zu regnen, und im richtigen Vorort war ich zum Glück auch. Nur zwei Stationen zu früh war ich ausgestiegen. Hastig überquerte ich die Hauptstraße, immer noch war mir schwindelig, immer noch wankte alles um mich herum. Ich lief, ohne es richtig zu merken, meine Beine fühlten sich eigenartig taub und wackelig an. Ich war bisher erst einmal bei Jakob zu Besuch gewesen, etwa vor einem halben Jahr, als Jakob seinen siebzehnten Geburtstag gefeiert hatte.

Ich lief und lief, und obwohl ich fror, spürte ich, wie mir

eine dünne Schweißspur über den Rücken rieselte. Und auch meine Füße schwitzten. Das passierte immer, wenn ich in Panik geriet. Ich spürte dann förmlich, wie mir in Schüben der Schweiß aus den Füßen strömte und meine Socken nach und nach nass wurden.

Irgendwann war ich da. Erleichtert lehnte ich mich an den Zaun des gegenüberliegenden Gartens. Ich war völlig erschöpft und hatte das Gefühl, mich nie wieder von der Stelle bewegen zu können. Schließlich warf ich einen prüfenden Blick auf meine Uhr. Es war inzwischen schon fast halb elf.

Ich schaute unsicher auf die andere Straßenseite hinüber. Dort war der Garten, der zu dem Haus gehörte, in dem Jakob mit seiner Mutter und seinem Bruder lebte. Jakobs Vater war seit Jahren mit einer anderen Frau verheiratet, das hatte Jakob mir einmal erzählt.

„Er hat Eike nicht ertragen", hatte Jakob gesagt. „Eikes stundenlanges Schreien hat ihn wahnsinnig gemacht. Ich glaube aber, eigentlich hat er es nicht ertragen, einen behinderten Sohn zu haben."

Jakobs Stimme hatte böse geklungen, während er von seinem Vater sprach. „Inzwischen hat er angeblich zwei neue Kinder, und die scheinen ohne peinliche Makel zu sein", fuhr Jakob fort. „Ich habe sie allerdings noch nie gesehen, bin eben nicht wild drauf, dem Arsch zu begegnen ..."

In diesem Moment ging die Tür von Jakobs Haus auf, und Eike schaute heraus. Zuerst streckte er nur seinen Kopf prüfend ins Freie, aber gleich darauf folgten seine Hände. Eike tastete in die feuchte Morgenluft, seine Finger bewegten sich, als würde er ein unsichtbares Klavier spielen.

Schließlich trat er ganz ins Freie. Einen Augenblick

stand er einfach nur still da, hielt sein Gesicht in die windige Luft und lächelte. Er war noch im Schlafanzug, und plötzlich rannte er so unvermittelt los, dass ich zusammenzuckte. Mit einem Satz sprang er auf die halbhohe Gartenmauer. Dort blieb er sitzen und schaukelte sich sachte vor und zurück. Er sah aus wie ein sehr großes sehr kleines Kind. Und sein Gesicht war Jakobs Gesicht wirklich verblüffend ähnlich. Jetzt fing er an zu lachen. Es war ein leises, glucksendes Lachen, und es hörte gar nicht mehr auf.

Ich traute mich nicht, näher zu kommen, und darum blieb ich, wo ich war.

Und dann kam Jakob. „Los, Eike, wir frühstücken", sagte er und ging zur Gartenmauer. Und dann sah er mich. „He, Nora, was machst du denn hier?", rief er erstaunt, und ich hörte an seiner Stimme, dass er sich freute.

Aber ich – ich konnte es nicht so richtig. Mich freuen, meine ich. Es fühlte sich fast so an, als wäre ich mehrmals da. Das erste Ich in mir war tatsächlich froh, Jakob zu sehen. Dieses Ich wollte vergnügt winken und über die Straße laufen und dann mit Jakob und Eike ins Haus gehen. Dieses Ich sehnte sich auch danach, noch einmal Jakobs Finger zu streicheln und seine trockenen, warmen Lippen auf meinen Lippen zu spüren.

Aber da war dieses andere Ich in mir, dass nur an Tod und Sterben dachte und dem jetzt die entsetzliche Erkenntnis kam, dass auch Jakob ein Sterbedatum hatte, das irgendwann auf seinem Grab stehen würde. Jakob würde sterben und von dieser Welt verschwinden.

Und dann gab es noch ein drittes Ich in mir. Dieses Ich war einfach Leere und Trostlosigkeit und Aussichtslosigkeit. Dieses Ich war müde und energielos und wünschte sich nichts als ein Ende all dieser Angst und Aufregung. Und diesem Ich erschienen Verliebtsein und Küssen und

Pläneschmieden nur anstrengend und völlig sinnlos. Dieses Ich war in der letzten Zeit stärker geworden, ich spürte es immer häufiger, und es hatte an Kraft gewonnen.

Wie gelähmt von diesem Kampf in mir, stand ich da und konnte keinen Finger rühren. Ich schaute Jakob einfach nur stumm an.

Jakob zog Eike von der Mauer und kam langsam zu mir herüber. Eike lief hinter ihm her und hielt sich an seinem Arm fest.

„Nora, was hast du?", fragte Jakob.

Ich wollte so gerne die erste Nora sein. Ich holte tief Luft und riss mich zusammen.

„Alles in Ordnung", würgte ich schließlich hervor. „Ich wollte dich einfach besuchen."

Jakob schaute mich an. „Du bist klatschnass", stellte er sachlich fest.

Ich zuckte mit den Achseln, und dann geschah das Gute, das manchmal geschah. Ich wurde wieder ganz normal. Ich konnte es richtig spüren, wie diese merkwürdige Angst und dieses schreckliche Gefühl der leeren Unwirklichkeit verschwanden.

Eike musterte mich neugierig, während er immer noch leise lachte und dabei an Jakobs Arm klopfte.

„Gehen wir rein", sagte Jakob zu Eike und zu mir, und ich nickte, und Eike nickte auch, und dann gingen wir zu dritt ins Haus. Jakobs Mutter war gerade erst aufgestanden, sie stand gähnend in der Küche und kochte Kaffee.

„Hallo, Nora", sagte sie und lächelte mir zu.

Ich lächelte vorsichtig zurück. „Hallo", murmelte ich.

Jakob brachte mir ein Handtuch aus dem Badezimmer. „Hier, für deine Haare", sagte er, und als er mir das Handtuch gab, berührten sich unsere Finger.

Kasper war auch da, er beschnüffelte mich freundlich

53

schwanzwedelnd und legte sich dann zurück unter Eikes Stuhl.

„Hast du schon gefrühstückt?", erkundigte sich Jakobs Mutter.

Ich schüttelte den Kopf, und dann frühstückten wir alle zusammen. Ich saß neben Jakob, und Eike saß mir gegenüber.

Eike summte beim Essen und war immerzu in Bewegung.

„Ist ja gut, Eike", sagte Jakob seufzend, weil Eike wieder und wieder die beiden Marmeladengläser und die Orangensaftflasche zuschraubte, kaum dass sie einer von uns gebraucht hatte. Dabei jammerte er leise.

„Er erträgt keine Unordnung", erklärte mir Jakobs Mutter. „Unordnung macht ihm Angst."

Ich nickte unsicher und griff gleich darauf nach der Kanne Kakao, die auf dem Frühstückstisch stand. Da schrie Eike plötzlich auf und schlug mir so fest gegen den Arm, dass ich die halb volle Kanne vor Schreck fallen ließ. Sie zerbrach auf dem Küchenboden.

„Entschuldigung ...", sagte ich erschrocken, aber das hörte schon keiner mehr, denn in diesem Moment begann Eike zu schreien.

„Eike!", rief Jakob in sein Gebrüll hinein, aber Eike hörte es nicht, er schrie nur und schrie und schrie. Gleichzeitig schaukelte er wild auf seinem Stuhl hin und her und verbarg sein Gesicht in den Händen.

Ich wusste nicht, was ich tun sollte, und spürte, dass ich schon wieder anfing zu zittern. Hilflos sah ich zu, wie Jakobs Mutter versuchte, Eike zu beruhigen, und wie Jakob die Scherben der Kakaokanne einsammelte und mit einem Lappen den verschütteten Kakao aufwischte.

„Du kannst nichts dafür", rief Jakob mir halblaut zu und

lächelte aufmunternd. „Ich hätte es dir sagen müssen. Diese Kakaokanne ist Eikes Kanne, an die darf keiner ran. Eike bekommt irgendwie Angst, wenn jemand sie berührt. So ist er auch mit seiner Bettdecke und seiner Mundharmonika und seinem Stuhl ...“

Ich nickte zitternd und stand auf. Ich spürte, ich musste jetzt schnell gehen, ich konnte Eikes Geschrei nicht länger aushalten.

Wahrscheinlich war ich nicht besser als Jakobs Vater, der vor Eike ja auch davongelaufen war.

„Wo willst du hin?“, fragte Jakob und kam mir hinterher.

„Nach Hause“, murmelte ich und schlüpfte in meine nasse Jacke.

„He, nun sei doch nicht so“, bat Jakob leise und folgte mir zur Haustür. Aus der Küche drang immer noch Eikes Schreien. Vielleicht war es nicht mehr ganz so heftig wie vorher, aber vorbei war es wohl noch lange nicht.

„So ist Eike eben“, sagte Jakob und griff nach meiner Hand. „Ich habe dir doch gesagt, dass du nichts dafür kannst. Ich meine, du hast nichts falsch gemacht oder so. Eike ist eben ... Eike hat ...“

Jakob zuckte mit den Achseln und schaute mich durch eine grün gefärbte Ponysträhne hindurch nachdenklich an. „... er ist behindert, Nora, er ist geistig behindert, und darum hat er diese schlimmen Ängste und Zwänge.“

Jakobs Stimme hallte durch meinen schmerzenden Kopf. Am liebsten hätte ich mir die Ohren zugehalten.

„Nora, warum rennst du weg?“, fragte Jakob gleich darauf, als wir zusammen in der offenen Tür standen. Draußen regnete es schon wieder. Der Himmel hatte sich mit schweren, tiefgrauen Wolken überzogen, die immer tiefer herabzusinken schienen.

Ich starrte in diesen Himmel und sagte gar nichts.

Ich dachte an meine Angst, wenn ich es morgens nicht schaffte, gegen unseren Briefkasten zu klopfen. Ich dachte daran, wie ich als Kind in Panik geraten war, wenn wir verreist waren und ich in einem fremden Bett mit fremder Bettwäsche schlafen musste. Irgendwann hatten meine Eltern deshalb angefangen, auf jede noch so kurze Reise mein eigenes Bettzeug einzupacken.

Ich biss mir auf die Lippen. „Jakob, ich habe Angst", flüsterte ich schließlich, und meine Stimme klang trostlos.

„Wovor hast du Angst?", fragte Jakob, und ich sah, wie er die Stirn runzelte. „Etwa vor meinem Bruder?"

Ich schüttelte den Kopf.

„Wovor dann?", erkundigte sich Jakob.

„Ich weiß nicht", sagte ich leise.

Wir schauten uns an.

„Vor mir selbst, vielleicht", sagte ich dann zögernd.

Ich konnte es Jakob ansehen, dass er mich nicht verstand. Wie sollte er auch, ich verstand mich ja selbst nicht. Unwillkürlich kam mir das Bild von eben in den Sinn, wie Eike voller Angst auf seinem Stuhl hin- und hergeschaukelt war.

Irgendwie hatte ich mich wieder erkannt in ihm, das war es. Ich schaukelte auch. Als kleines Kind stundenlang im Garten und später, als es diese Schaukel nicht mehr gab, hatte ich nachts im Bett angefangen, mich hin- und herzuwiegen. Ich lag dann auf der Seite, zusammengekauert wie ein Embryo, und wiegte mich sachte in meiner Matratze hin und her.

Ich war wie Eike, ich war nicht ganz normal, das musste es sein.

Ich hob den Kopf.

„Ich weiß, er schreit immer noch", sagte Jakob sofort und lächelte entschuldigend. „So ist er eben, mach dir nichts draus. In einer Stunde ist er garantiert wieder okay, und er wird es dir auch nicht nachtragen."

Jakob strich mir eine feuchte Haarsträhne aus der Stirn.

„Ich muss jetzt wirklich los", murmelte ich, drehte mich um und ging davon. Erst in diesem Moment fiel mir ein, dass ich meinen Eltern nicht einmal eine Nachricht dagelassen hatte, als ich am Morgen verschwunden war.

„Wenn du kurz wartest, könnte ich mitkommen!", rief mir Jakob hinterher, aber ich lief einfach weiter – obwohl ich gerne auf ihn gewartet hätte – aber ich konnte es nicht.

6

Meine Mutter war im Garten, als ich nach Hause kam. Obwohl es immer noch regnete, zupfte sie Unkrautbüschel aus den nassen Beeten, auf denen die diesjährigen Osterglocken und Tulpen schon ein ganzes Stück aus der Erde staksten.

„Nora, wie oft habe ich dir schon gesagt, du sollst nicht einfach so davonmarschieren, ohne dich abzumelden", sagte meine Mutter und warf mir einen gereizten Blick zu.

„Ich weiß", sagte ich erschöpft und schaute zu dem Baum hinüber, an dem vor ungefähr tausend Jahren meine Schaukel gehangen hatte. „Es tut mir Leid."

„Und dann noch vor dem Frühstück", sagte meine Mutter kopfschüttelnd. „Wo warst du denn den ganzen Vormittag?"

Ich zuckte mit den Achseln. „Spazieren", murmelte ich vage. „Mir war so komisch, ich musste irgendwie raus ..."

Meine Mutter warf mir einen langen Blick zu und legte dabei ihre kleine Gartenharke zur Seite.

„Geht es dir nicht gut?", fragte sie nach einer halben

57

Ewigkeit. „Du bist so blass und so viel alleine und dabei dachte ich schon, du würdest dich jetzt ein bisschen öfter mit diesem Jakob aus deiner Klasse treffen."

Ich schwieg und starrte zur Straße und dachte an Jakob und Eike und die zerbrochene Kakaokanne. Ich hatte alles falsch gemacht. Mal wieder.

„Komm, gehen wir rein", sagte meine Mutter irgendwann. „Es ist ganz schön kalt."

Ich nickte, und wir gingen ins Haus.

Es war eine Erleichterung, als ich krank wurde. Ich lag mit Schüttelfrost und Fieber im Bett, ich hatte Halsschmerzen und einen schlimmen Husten und Ohrenschmerzen. Ich hatte keine schreckliche Krankheit, die niemand erkannte, sondern ich hatte die Grippe.

„Man rennt ja auch nicht stundenlang völlig sinnlos im Regen durch die Gegend", sagte mein Vater, musterte mich mit einem besorgt väterlichen Blick und setzte sich auf meine Bettkante. Dann legte er seine kühle Hand auf meine heiße Stirn. „Ein Kopf zum Spiegeleierbraten", sagte er und lächelte mir zu. Jedes Mal, wenn ich Fieber habe, kommt dieser Satz von meinem Vater. Schon als ich noch ganz klein war, hat er ihn gesagt, und damals hatte ich geglaubt, man könne das wirklich machen, ein Spiegelei auf meiner heißen Fieberstirn brutzeln.

Ich lächelte zurück, und mein Vater reichte mir das Thermometer.

„Da, miss mal, schöne Tochter", sagte er, und während ich mir das Fieberthermometer unter den Arm klemmte, kochte er mir einen Tee und plünderte die Hausapotheke für mich.

Ich zog mir die Decke über den Kopf und fühlte mich ganz leicht und gesund, trotz meines schmerzenden Kopfes, trotz des brennenden Schmerzes in meinen Ohren und trotz allem anderen. Zufrieden schlief ich ein. Als ich wieder aufwachte, lagen eine Menge Medikamente neben mir, mein Vater hatte ganze Arbeit geleistet. Da waren Pastillen gegen Halsschmerzen, und gleich daneben standen Ohrentropfen und Vitamintabletten, da lagen eine Schachtel Aspirin und ein Fläschchen Nasenspray und ein Saft gegen hohes Fieber.

Ich bewegte mich nicht und genoss die Ruhe in mir drin. Ich fror jetzt gar nicht mehr, stattdessen glühte mein Körper. Beim Schlucken tat mein Hals weh, und beim Husten stach es mir in der Brust.

Gleich darauf schaute meine Mutter herein.

„Na, wie geht's?", fragte sie besorgt.

„Gut", sagte ich hustend.

Meine Mutter machte ein skeptisches Gesicht. „Bist du sicher?", fragte sie und setzte sich neben mich.

Ich nickte.

„Dann würde es dich nicht stören, wenn ich jetzt für ein paar Stunden in den Laden sause?"

Ich schüttelte den Kopf, und gleich darauf war ich alleine. Obwohl mir vom Fieber ziemlich schwindelig war, verließ ich mein Bett und mein Zimmer und legte mich eingerollt in meine Bettdecke im Wohnzimmer auf das Sofa. Ich schaltete den Fernseher ein und schaute drei Programme gleichzeitig. Gegen Mittag klingelte es an der Tür. Es war Verena, die mir einen Krankenbesuch abstattete.

„Na, du krankes Huhn", sagte sie zur Begrüßung und rückte zu mir auf die Couch. „Heute war schulmäßig wirklich ein schauriger Tag", fuhr sie fort und trank in einem Zug meinen lauwarmen Früchtetee aus. Verena hatte eine wahre Teeleidenschaft und schreckte nicht einmal vor Kamillen- oder Lindenblütentee zurück.

„Warum?", erkundigte ich mich hustend.

„Na ja, die halbe Klassenbelegschaft hat diesen Virus, wir waren nur zwölf, und es war direkt unheimlich leer um uns herum."

Verena nahm mir die Fernbedienung aus der Hand und schaltete auf einen Musikkanal. „Antonio hat es auch erwischt. Er nicht da und du nicht da, na, da kannst du dir ja vorstellen, wie grottenlangweilig es war."

Verena lächelte mir zu, und ich lächelte zurück.

„Aber ihr könnt im Grunde noch froh und dankbar sein", sagte Verena und runzelte die Stirn. „Frau Korintenberg hat es, wie es aussieht, deutlich schlimmer erwischt."

Frau Korintenberg war unsere Klassenlehrerin. Sie war erst seit diesem Schuljahr unser Klassenvorstand, noch sehr jung und ganz neu an der Schule. Im vergangenen Winter hatte sie geheiratet und hatte dazu unsere gesamte Klasse eingeladen.

„Wieso, was hat sie denn?", fragte ich nervös.

Verena zuckte mit den Achseln. „Hundertprozentig sicher ist es noch nicht", erklärte sie. „Aber vermutlich Krebs, welchen, habe ich vergessen. Die Schönmüller hat es erwähnt, aber ..."

Verena starrte sinnend vor sich hin. „Gallenblasenkrebs? Gibt es so was? Es war jedenfalls irgendwas Knorzeliges, Inneres."

Ich fing an zu zittern.

„Jetzt habe ich es!", rief Verena in diesem Moment. „Lymphdrüsenkrebs! – Eklig, was?"

Vor meinen Augen tanzten helle Sterne. Frau Korintenberg war gerade erst siebenundzwanzig, und auf ihrer Hochzeitsfeier hatte sie mir erzählt, dass sie sich drei Kinder wünsche und mal für ein ganzes Jahr nach Australien reisen wolle ...

„Sie ist jedenfalls in der Klinik, und gestern haben sie sie operiert", erzählte Verena. „Es ist ja ein schöner Mist, keine Frage, aber wir haben dafür jetzt erst mal jede Menge Stundenausfall ..."

Verena schüttelte die Thermoskanne, um herauszufinden, ob noch Tee drin war.

In diesem Moment klingelte es.

„Soll ich aufmachen?", bot Verena an. Ich schaffte es nicht einmal zu nicken, so elend fühlte ich mich plötzlich.

„Es ist Jakob, darf ich ihn reinlassen?", rief Verena gleich darauf aus dem Flur.

„Jaja", murmelte ich matt, dabei wäre ich lieber alleine gewesen. Ich schaute zu unserer großen Bücherwand hinüber. Irgendwo dort stand das Buch über Krankheiten, ich las oft darin. Was Lymphdrüsenkrebs wohl genau war? Und wie man ihn feststellte? Was hatte man dabei für Symptome? Frau Korintenberg war letzte Woche noch ganz gesund gewesen. Außer wenn sie Migräne bekam, hatte sie nie gefehlt, und sie gab sogar den Sportunterricht in unserer Klasse.

„Hallo, Nora", sagte Jakob und küsste mich vor Verenas Augen auf die Nasenspitze. „Na, grippekrank?"

Ich zuckte mit den Achseln.

„Das kommt davon, wenn man sich erst klatschnass regnen lässt und hinterher gleich wieder davonläuft, ohne sich gründlich aufzuwärmen."

Wieder schwieg ich.

„Was hast du denn plötzlich?", fragte Verena verwundert. „Bis eben war sie noch ganz normal." Das sagte sie zu Jakob, und dann ging sie in die Küche, um neuen Tee aufzusetzen. Die leere Thermoskanne nahm sie mit. Jakob setzte sich in einen unserer Korbstühle. „Eike ist übrigens wieder völlig in Ordnung, Nora", sagte Jakob. „Kurz nachdem du geflüchtet bist, erinnerte sich meine Mutter an einen alten Tonkrug, den sie mal vor Jahren von meinem blödsinnigen Vater verehrt bekommen hatte. Es ist so ein schnörkeliges, bauernmalereibemaltes Unikat, und das hat sie jetzt an Eike weitergeschenkt und ihn damit glücklich gemacht."

Jakob beugte sich vor und legte seine Hand vorsichtig auf mein Knie.

„He, Nora, schon wieder traurig?", fragte er leise.

Ich zuckte wieder mit den Achseln. „Ich weiß nicht", murmelte ich und hustete. „Hast du das mit Frau Korintenberg mitbekommen?", fragte ich anschließend und schaute an Jakob vorbei, während ich das fragte.

„Klar, die Schönmüller hat ja ausführlich darüber referiert", sagte Jakob und verzog das Gesicht.

Ich schwieg.

„Ja, und dabei ist die Korintenberg so was von einem Gesundheitsapostel", fuhr Jakob kopfschüttelnd fort. „Nach den Weihnachtsferien hat sie mich beim Rauchen auf der Schulwiese erwischt und mir sofort einen Riesenvortrag über die Gefahren des Rauchens gehalten ..."

Jakob durchstöberte beim Reden meine Medikamente und fischte sich eine Halspastille aus einer der Schachteln. „Vorbeugend, man weiß ja nie, was kommt ...", sagte er grinsend, warf die Pastille hoch in die Luft und fing sie dann mit dem Mund auf. „Bah, Anisgeschmack", murmelte er angewidert, aber er lutschte die Pastille trotzdem zu Ende. „Was nicht tötet, härtet ab", erklärte er. Und dann sagte er: „Aus dir werde ich nicht schlau, schöne Nora, beim besten Willen nicht ..."

Ich starrte weiter stumm vor mich hin.

„Manchmal bist du so und manchmal so", sagte Jakob, als Verena mit dem neuen Tee aus der Küche kam.

Und dann tranken die beiden meinen Tee und saßen um mich herum und redeten über die Schule und die bevorstehende Schulsprecherwahl und ein neues Frühstückslokal, das in der Nähe unserer Schule eröffnet worden war.

Über Frau Korintenberg redeten sie nicht mehr, mit keiner Silbe.

Und ganz plötzlich fiel mir mein Satz wieder ein, mein Beruhigungssatz. Ich saß stocksteif zwischen Jakob und Verena und konnte es nicht glauben. Wie hatte ich ihn nur so lange vergessen können? Dabei hatte er mich doch immer beschützt, jahrelang.

Wie hatte ich leben können ohne diesen Satz?

Früher hatte ich ihn jeden Tag gebraucht. Lange war das her. Aber jetzt brauchte ich ihn wieder, das spürte ich.

Vielleicht würde Frau Korintenberg dann wieder gesund werden ...

Ich klammerte mich unter meiner Bettdecke an den weichen Bezug des Sofas.

Wenn ich meinen Schutzsatz wieder sagte, dann würde wenigstens ich beschützt sein.

Ich musste es einfach versuchen.

7

Ein Neger mit Gazelle
zagt im Regen nie ...

Als ich noch sehr klein war, hatte ich Angst vor der Dunkelheit. Jeden Abend im Bett hatte ich Angst. Denn da gab es irgendwo das schwarze Wesen mit den grellen, blauen Kugelaugen. Und obwohl ich es noch nie gesehen hatte, wusste ich, dass es irgendwo war und auf mich lauerte. Immer wieder rief ich nachts meine Mutter in mein Zimmer, und dann lag ich ängstlich da, während meine Mutter für mich unter mein Bett und in meinen Schrank und hinter meine Spieletruhe schauen musste.

„Da ist nichts, Nora", sagte meine Mutter Nacht für Nacht. „Es gibt keine Gespenster, das verspreche ich dir."

Aber ich glaubte ihr nicht, obwohl ich es so gerne wollte. Jede neue Nacht, die kam, hatte ich wieder Angst.

Doch dann passierte das Wunder. Ich war damals in der zweiten Klasse, und in der Schule hatten wir an einem Vormittag in unserem Lesebuch Wörter angeschaut, die von vorne und von hinten gelesen das Gleiche ergaben. Anna und Hannah und Otto und solche Worte. Das war lustig gewesen, und ganz zum Schluss hatte unsere Klassenlehrerin uns einen merkwürdigen Satz auswendig lernen lassen:

Ein Neger mit Gazelle zagt im Regen nie.

Sie hatte diesen Satz extra an die große Wandtafel geschrieben und dann Verena dazu aufgefordert, ihn einmal von hinten vorzulesen, so wie wir vorher auch die anderen Wörter von hinten gelesen hatten. Und es war ein Wunder. Ein Neger mit Gazelle zagt im Regen nie ergab von vorne und von hinten gelesen genau den gleichen Satz. Das beeindruckte mich, und der Satz grub sich in mein Gedächtnis ein. Immer wieder murmelte ich ihn vor mich hin, um ihn abends meinem Vater aufsagen zu können. Aber an diesem Abend hatte mein Vater einen späten Termin, und darum war er noch nicht da, als ich ins Bett musste. Enttäuscht schrieb ich mir den lustigen Vorwärts-Rückwärts-Satz auf ein Löschblatt und klebte ihn an die Tapete neben meinem Bett. Und weil ich wie üblich nicht gleich einschlafen konnte, las ich mir den verrückten Satz wieder und wieder durch, von vorne und von hinten. Irgendwann verschwammen mir die Buchstaben vor den Augen, und ich schlief ein. In dieser Nacht wachte ich kein einziges Mal auf. Und ich hatte keine Angst vor dem Kugelaugenwesen.

Den ganzen folgenden Tag grübelte ich vergeblich darüber nach, warum ich in der letzten Nacht das Kugelaugenwesen nirgends gespürt, warum es mich ausnahmsweise verschont hatte.

Aber in der nächsten Nacht war alles wieder beim Alten. Ich wachte mitten in der Nacht auf und fühlte ganz deutlich, dass das düstere Kugelaugenwesen irgendwo in meinem dunklen Zimmer war und auf mich lauerte. Schnell knipste ich mein Nachttischlicht an und rief verzweifelt nach meiner Mutter.

In der nächsten Nacht versuchte ich es mit einem Trick. Nach dem Gutenachtsagen ließ ich mein Nachttischlicht brennen und heftete meinen Blick fest auf den Vorwärts-Rückwärts-Satz an meiner Wand. Wieder las und las und las ich ihn, bis mir vor Müdigkeit die Buchstaben vor den Augen verschwammen. Irgendwann schlief ich ein, und prompt geschah das Wunder! Das Kugelaugenwesen verschonte mich erneut, und ich hatte nachts keine Angst mehr. Ich weiß nicht, wie lange ich Abend für Abend die Löschblattnotiz las, irgendwann reichte es aus, wenn ich den Vorwärts-Rückwärts-Satz ein paar Mal halblaut vor mich hin murmelte. Schließlich musste ich ihn nur noch tonlos vor mich hin denken, um ruhig schlafen zu können.

Ein Neger mit Gazelle zagt im Regen nie. Ein-Neger-mit-Gazelle-zagt-im-Regen-nie. Einnegermitgazellezagtimregennie ...

Wenn ich zum Zahnarzt musste, wenn ich eine schwierige Klassenarbeit schrieb, wenn ich im Schulorchester ein Solo auf meiner Oboe spielen musste, wenn ich abends im

Dunklen mit Ticktack durch den kleinen Park ging, immer sagte ich tonlos meinen Schutzsatz vor mich hin.

Wieso hatte ich bloß damit aufgehört?

Am Montag ging ich wieder in die Schule. Wegen Frau Korintenbergs Krankheit begann für uns der Unterricht erst um zehn Uhr. Das ganze Wochenende hatte ich in meinem Bett zugebracht. Ich hatte alles über Lymphdrüsenkrebs gelesen, was ich hatte finden können, und fühlte mich schlecht. Weil sich bei jungen Menschen die Zellen im Körper viel schneller teilten als bei alten Leuten, starben junge Leute an Krebs auch viel schneller als alte. Außerdem war der Lymphdrüsenkrebs ein sehr aggressiver Krebs und breitete sich schnell aus.

Ich fühlte mich müde und schwach, als ich durch das morgensonnige Treppenhaus nach unten ging. Hinter der kleinen, gemusterten Glasscheibe in unserer Haustür konnte ich Verena sehen, die auf mich wartete. Sie hielt ihr Gesicht in die Morgensonne wie eine Sonnenanbeterin.

Schnell klopfte ich gegen unseren Briefkasten und murmelte meinen wieder gefundenen Schutzsatz.

„Hallo, Bleichgesicht!", begrüßte mich Verena. Ich runzelte die Stirn. „Hallo", sagte ich leise.

„Warum bist du nicht noch ein paar Tage im Krankenstand geblieben?", erkundigte sich Verena verwundert und legte im Gehen ihren Arm um meine Schulter. „Du siehst, ehrlich gesagt, noch ziemlich zerknautscht aus."

Ich fühlte mich auch zerknautscht, aber es war immer noch besser, zusammen mit Verena in die Schule zu gehen, als weiter alleine zu Hause zu sitzen. Die Vormittagsruhe in unserer Wohnung machte mich verrückt, seit Frau Korintenberg krank war. Ich konnte an nichts anderes denken als an ihren kranken Körper, in dem so schreckliche Dinge passierten, ohne dass man von außen etwas davon sehen konnte.

„Wollen wir heute Nachmittag mal auf die Sonnenbank?", schlug Verena vor. „Ein bisschen Farbe würde dir bestimmt gut stehen."

„Ich gehe nicht ins Sonnenstudio", sagte ich und war plötzlich gereizt. „Du kennst meine Meinung dazu."

„Ach ja, davon bekommt man in Nullkommafranzjosef Hautkrebs und krepiert", sagte Verena achselzuckend. „Wie konnte ich das nur vergessen ..."

Ich biss mir auf die Lippen. „Das ist nicht witzig", murmelte ich düster.

„He, komm, Nora", sagte Verena. „Mach dir doch das Leben nicht selber zur Hölle. So schnell holt man sich keinen Hautkrebs, da bin ich mir sicher. Zuerst wirst du braun und siehst megagut aus, und alle Jungs fahren auf dich ab, und deinen ollen Hautkrebs bekommst du dann vielleicht irgendwann, wenn du sowieso schon Oma-alt bist, und dann ist es doch wurscht, woran du eingehst. Ob am Krebs oder an Alterswahnsinn oder an Hirnverkalkung oder an Was-weiß-ich. Sterben muss jeder mal."

Ich schwieg und wünschte mir, so zu sein wie Verena, sehnlichst wünschte ich mir das. Einnegermitgazellezagtimregennie ...

„Nun mach nicht so ein tragisches Gesicht, davon kriegst du nur vorzeitige Falten", flüsterte Verena, als wir die große Kreuzung vor unserer Schule erreichten. „Da vorne wartet dein grünhaariger Scheich, und dem solltest du ausnahmsweise ein charmantes Lächeln schenken ..."

„Hallo, ihr zwei", sagte Jakob, als wir ihn erreicht hatten. Jakob kam morgens immer mit dem Fahrrad zur Schule, bei jedem Wetter, während Verena, die nur zwei Häuser von ihm entfernt wohnte, den Bus nahm und regelmäßig drei Stationen zu früh ausstieg, um mich von zu Hause abzuholen.

Jakob schloss sein Fahrrad ab und ging mit uns zum Hoftor.

Er nahm meine Hand.

„Eisfinger-Nora", sagte er und schloss seine Finger um meine Finger. Ich lächelte ihm vorsichtig zu.

Die erste Doppelstunde an diesem Montagmorgen hatten wir Mathe. Der Mathe-Werner war übler Laune, die Mathearbeit war anscheinend noch schlechter ausgefallen, als er es befürchtet hatte.

„Dass so ein kreuzdämlicher Verein, wie ihr es seid, in drei Jahren Abitur machen will, ist wirklich eine Katastrophe", begann er Unheil verkündend. Ich lehnte mich auf meinem Platz zurück. So wie es aussah, war ich die Einzige, die nicht die Spur nervös war in Bezug auf den Stapel Arbeitshefte, die vor dem Mathe-Werner auf dem Lehrerpult lagen. Ich wusste schließlich, was mich erwartete, ich hatte mein Heft ja praktisch unangerührt abgegeben.

„Wir fangen mit den absoluten Katastrophen an", sagte der Mathe-Werner in diesem Moment. „Dreimal null Punkte habe ich anzubieten ..."

Und dann nahm er mit spitzen Fingern die drei obersten Hefte vom Stapel und überreichte sie an Helena und Gunnar und mich. „Sauber, sauber", murmelte er grämlich. Vor mir blieb er stehen.

„Nora Esslin, warum verschwendest du überhaupt noch deine Zeit in meinem Unterricht?", fragte er und schaute mich abschätzend an. „Schriftlich glatte null Punkte, mündlich auch nicht besser, wie stellst du dir vor, soll es weitergehen?"

Ich schwieg.

„Ist das alles, was dir zu diesem Problem einfällt?", bohrte der Mathe-Werner und trommelte mit seinen dicken Fingern auf meinen Tisch. „Das große Schweigen im Walde?"

Ich schwieg weiter.

„Ich habe mich mal im Kollegium umgehört", fuhr der Mathe-Werner unzufrieden fort. „In den übrigen Naturwissenschaften sieht es kaum besser aus. Warum gibst du dir eigentlich nicht mehr Mühe?"

Diesmal zuckte ich zur Abwechslung mit den Achseln.

„Spar dir deine frechen Provokationen", regte sich der Mathe-Werner sofort auf. „Und hör auf, so unverschämt zu grinsen!"

Dabei hatte ich ganz sicher nicht gegrinst.

„Planst du überhaupt noch, die Oberstufe zu besuchen und das Abitur zu machen?"

Der Mathe-Werner sah mich fragend an.

Ich blickte stumm zurück und hob die Schultern.

„Nun lassen Sie doch dieses aggressive Kreuzverhör sein", bat Jakob und schaute den Mathe-Werner fest an. „Sehen Sie nicht, dass es Nora nicht gut geht?"

„Misch dich gefälligst nicht ein, Jakob", zischte unser Mathematiklehrer und bekam vor Aufregung rote Flecken auf den Backen. „Wenn unser Fräulein Esslin sich nicht wohl fühlt, dann sollte sie selbst wissen, woran das liegt. Wahrscheinlich steckt sie, wie die meisten von euch, nächtelang in irgendeiner scheußlichen, verqualmten, viel zu lauten Diskothek. Da würde es mir hinterher auch miserabel gehen."

Der Mathe-Werner drehte sich gereizt um und stolzierte zurück zur Tafel. Und während er nach einem Stück Kreide griff, erklärte er mir, dass meine Eltern in den nächsten

69

Tagen mit einer Menge schulischer Post zu rechnen hätten.

„Vier blaue Briefe, Nora Esslin, vier blaue Briefe, ich habe mich, wie gesagt, erkundigt. Na, in deiner Haut möchte ich nicht stecken."

Ich wendete meinen Blick ab und schaute aus dem Fenster auf die Schulhofbäume. Ich fühlte mich weit weg von allem. Mathe-Werner mit seinen Drohungen konnte mir keine Angst machen.

Ich kapselte mich ab. Ich sagte mittags zu Verena und Jakob, dass ich keine Zeit hätte, mich mit ihnen zu treffen.

„Fällt dir zu Hause nicht allmählich die Decke auf den Kopf?", erkundigte sich Verena.

Ich zuckte mit den Achseln, dabei hatte Verena Recht. Sie waren schrecklich, meine einsamen Nachmittage in unserer großen, stillen Wohnung. Aber ich fühlte mich einfach unfähig, normal zu sein und unter Leute zu gehen. Ich sah, wie Verena Jakob einen bedeutungsvollen Blick zuwarf. Warum tat sie das? Hatten die beiden über mich gesprochen?

„Nora, du könntest mit zu mir kommen", bot Jakob gleich darauf an. „Hast du Lust?"

Ich schüttelte den Kopf und trat unruhig von einem Bein auf das andere. „Nein, ich mag lieber alleine sein", murmelte ich.

„Merkst du eigentlich, dass du das dauernd willst?", fragte Verena.

„Na und?", fauchte ich und spürte, wie das altvertraute Zittern einsetzte. „Mir geht es nicht gut, das weißt du doch. Ich brauche Ruhe, ich muss mich ausruhen."

Wieder schauten sich Verena und Jakob so merkwürdig an.

„Was habt ihr denn?", fragte ich aggressiv. Aber eine Antwort wartete ich nicht ab, ich drehte mich um und verließ schnell den Schulhof.

Ich lag auf einem kalten Untersuchungstisch, und eine Menge mundschutzverhüllte Ärzte standen um mich herum. Sie beugten sich zu mir hinunter und betrachteten mich eingehend. Ich versuchte, mich zu bewegen, aber ich konnte mich nicht rühren. Zuerst wusste ich nicht, warum, aber dann sah ich es. Ich wurde operiert, mein Bauch war weit geöffnet, und ich konnte mitten in mich hineinschauen.

Und was ich sah, war grauenvoll. Mein Bauch war voller wuchernder Geschwüre, die wie graue Blumenkohlgewächse aus mir hervorwuchsen.

„Krebs", sagte einer der Ärzte.

„Da ist nichts mehr zu machen", sagte ein anderer Arzt.

„Wie kann es sein, dass sie keine Beschwerden hatte?", fragte ein dritter Arzt.

„Das kommt häufiger vor, als man denkt", sagte ein vierter Arzt, der eine rote Sandkastenschaufel in der Hand hielt.

„Das Mädchen wird sterben", sagte ein fünfter Arzt und verzog das Gesicht.

Mit einem Ruck wachte ich auf, mein Gesicht war nass geschwitzt vor Entsetzen.

„Ein Neger mit Gazelle zagt im Regen nie", murmelte ich verzweifelt und setzte mich auf. „Einnegermitgazellezagtimregennieeinnegermitgazellezagtimregennie ..."

Es war Nachmittag, und ich war vor dem Fernseher eingeschlafen. Ich klammerte mich an das Sofa, weil mir schon wieder schwindelig war. Was war das nur? Ich getraute mich nicht aufzustehen, aus Angst, dass dieser un-

heimliche Schwindel dann noch schlimmer werden würde. Starr saß ich da und lauschte in meinen Körper hinein.
Warum fühlte ich mich bloß so krank und kaputt und
schwach? Ich versuchte, nicht an diesen schrecklichen
Traum zurückzudenken.

Ich bekam Durst, und ich musste zur Toilette, aber ich
schaffte es dennoch nicht, aufzustehen. Vor meinen Augen drehte sich alles. Das war doch nicht normal. Das
musste eine Krankheit sein. Ich dachte an Frau Korintenberg und an meinen gestorbenen Onkel, obwohl das ver-
botene Gedanken waren. Einnegermitgazellezagtimregennie.

Ich schaute auf meine Armbanduhr. Wie dünn mein
Handgelenk war. Nervös verglich ich es mit meinem anderen Handgelenk. Das linke Handgelenk war ganz sicher
dünner als das rechte. Aber das war es doch früher nicht
gewesen, da war ich mir ganz sicher. Und seit Tagen hatte
ich diese merkwürdigen Gliederschmerzen, wie Muskel-
kater fühlte sich das an. Mein Nacken, meine Schultern,
meine Arme, meine Beine, alles tat mir weh. Vielleicht
hatte ich ja Knochenkrebs?

Ich spürte mein Herz rasen, ein schreckliches Gefühl.
Mein Herz klopfte mir im Hals, und sogar im Kopf konnte
ich es schlagen spüren. Und in den Fingerspitzen und im
Magen. Dafür blieb mir plötzlich die Luft weg, einfach so.
Es war, als würge mich jemand, als drücke jemand meine
Luftröhre zu. Aber es war keiner im Zimmer – oder doch?
Voller Panik schaute ich mich um. Ich brauchte Luft, ich
zerrte an meinem Hals und riss meinen Mund auf. Mit
den Fingern versuchte ich, meine Zunge herauszuziehen,
so weit wie möglich, um so an mehr Luft zu kommen, aber
meine Finger glitten von meiner nassen Zunge ab wie von
einem glitschigen Fisch.

Mir wurde schwarz vor Augen, und das Wohnzimmer drehte sich immer schneller.

„Mama ...", wimmerte ich und atmete und atmete und atmete. Und dann war plötzlich alles gut. Die Welt um mich herum wurde weich und warm, und alles war in ein sanftes, rosa Licht getaucht. Ich atmete tief durch und fühlte mich gesund.

„Nora?", rief die Stimme meiner Mutter aus weiter Ferne. „Nora, hörst du mich?"

Ich blinzelte und öffnete die Augen. Wie merkwürdig, ich lag auf dem Wohnzimmerteppich, und halb über mir war der Fenstersims. Wie kam ich hierher? Was war passiert? Warum konnte ich mich nicht erinnern? Und wieso tat mir mein Gesicht so weh?

„Mama", flüsterte ich.

Meine Mutter half mir hoch und legte ihren Arm um mich. Sie war noch in ihrer Jacke. War sie gerade erst nach Hause gekommen?

„Nora, was ist passiert?", fragte sie und führte mich zum Sofa. Meine Beine fühlten sich wackelig an.

„Ein Neger mit Gazelle zagt im Regen nie ...", flüsterte ich, ohne nachzudenken. Ich brauchte jetzt schnell Schutz. „Einnegermitgazellezagtimregennie ..."

„Wie bitte?", fragte meine Mutter und setzte sich neben mich.

„Nichts", murmelte ich.

„Nora, was ist mit dir?"

„Ich weiß nicht", sagte ich leise und verwirrt. „Mir geht es nicht gut, glaube ich."

Meine Mutter streichelte mein Gesicht. „Du warst ohnmächtig", erklärte sie mir, und ihre Stimme klang besorgt. „Du lagst vor dem Fenster, dein ganzes Gesicht war ..."

Sie schwieg und tastete mit ihren kühlen Fingern in meinem Gesicht herum.

„Nicht ...", sagte ich schnell und wich zurück. Mein Gesicht fühlte sich dick und aufgequollen und taub an.

„Aber Nora, du bist verletzt", sagte meine Mutter und nahm mein Gesicht zwischen ihre Hände. „Du hast dir die Schläfe aufgeschlagen. Ich glaube, wir sollten das einem Arzt zeigen."

„Nein, bitte nicht", murmelte ich, aber dann ließ ich mich doch willenlos hochziehen, und meine Mutter fuhr mich ins Krankenhaus.

Wir mussten lange warten. Ich saß zusammengesunken neben meiner Mutter und sprach kein Wort. Stattdessen starrte ich blicklos nach draußen, obwohl wegen der hereingebrochenen Abenddunkelheit kaum etwas zu erkennen war. Ein Stück mintgrüner Krankenhausmauer war zu sehen und etwas grauer Himmel und in weiter Ferne ein erleuchteter, stillstehender Kran.

„Nora, was ist denn mit dir?", fragte meine Mutter mich zwischendurch und streichelte wahlweise meine Schulter, meine kalten Hände und mein genauso kaltes Gesicht.

Aber ich schwieg, weil ich nicht wusste, was ich sagen sollte.

„Wie konnte das nur passieren?", fragte meine Mutter. „War dir schlecht, hattest du schon vorher Kreislaufbeschwerden?"

Ich schwieg.

Meine Schläfe tat weh, sie fühlte sich heiß und geschwollen an. Der Rest meines Körpers war eiskalt. Ich spürte, dass ich schon wieder zitterte.

„Ist dir kalt?", erkundigte sich meine Mutter.

Ich nickte schwach.

„Dabei herrscht hier drin eine Affenhitze", murmelte meine Mutter besorgt. Ich schaute sie aus den Augenwinkeln an. Müde und erschöpft sah sie aus, und am Kinn hatte sie eine kleine, verschmierte und angetrocknete Blutspur, die von meiner Schläfe stammen musste.

Meine Mutter legte mir fürsorglich ihre Jacke über die Schulter. Meine eigene Jacke hatte ich anbehalten.

„Besser?", fragte sie leise.

Ich zuckte mit den Achseln, und dann waren wir endlich dran. Meine Mutter begleitete mich ins Untersuchungszimmer.

Der Arzt, der mich untersuchte, war noch sehr jung. Er sah kaum älter als Jakob aus, aber das konnte ja eigentlich nicht sein. Ich musste an die Ärzte in meinem Traum denken und stöhnte leise.

„Ja, klar, das tut weh", sagte der junge Arzt und tastete mit seinen warmen Fingern an meinem Kopf herum. „Das muss genäht werden", erklärte er dann. „Aber keine Angst, es werden bloß ein paar winzige Stiche."

Gleich darauf lag ich auf einer Behandlungsliege, und aus meinen halb geschlossenen Augen sah ich zwei Krankenschwestern hereinkommen. Sie liefen geschäftig um mich herum, klapperten mit irgendwelchem Arztbesteck, öffneten und schlossen ein paar Schubladen, redeten leise mit dem Arzt und warfen kurze, prüfende Blicke auf meine verletzte Schläfe.

„Du bekommst jetzt eine kleine Lokalanästhesie, das ist so ähnlich wie beim Zahnarzt", erklärte eine der beiden Schwestern schließlich, und ihre Stimme klang so sanft, als wäre ich ein kleines, ängstliches Kind. Ich nickte, und dann spürte ich auch schon einen kleinen, harmlosen Einstich und gleich darauf eine angenehme Wärme in meinem Gesicht.

75

Ich schloss die Augen.

„So, das geht ruck, zuck", murmelte der junge Arzt freundlich. „Und eine Narbe wirst du auch nicht zurückbehalten."

Seine Finger arbeiteten in meinem Gesicht herum. „Wie ist das denn überhaupt passiert?", fragte er schließlich, und ich hörte, wie er aufstand und an seiner Stelle eine der Krankenschwestern neben mich trat. Sie roch nach Parfüm und Desinfektionsmittel und junger Haut, und ich spürte, wie sie mir einen Mullverband auf die genähte Wunde legte.

„Sie war bewusstlos", hörte ich die Stimme meiner Mutter. Ich zuckte ein bisschen zusammen, ich hatte in den letzten Minuten ganz vergessen, dass sie da war. „Und beim Hinfallen ist Nora wohl mit dem Kopf an den Fenstersims gestoßen, er hat eine sehr spitze Kante."

„Du kannst dich wieder hinsetzen", sagte in diesem Moment die Krankenschwester neben mir und griff nach meiner Hand. „Komm, ich helfe dir."

Vorsichtig richtete ich mich auf.

„Nora, wie ist denn das genau gewesen?", fragte der Arzt und fühlte noch einmal meinen Puls.

Ich zuckte mit den Achseln und schwieg.

„Na, sehr gesprächig bist du ja nicht gerade", sagte die Krankenschwester, die mich verbunden hatte, und schob mir eine Blutdruckmanschette über den linken Arm.

„War dir vielleicht schlecht? Oder schwindelig?", erkundigte sich der Arzt und leuchtete mir mit einer kleinen Taschenlampe in die Augen.

„Ja, schwindelig", flüsterte ich. „Mir ist immerzu schwindelig", fügte ich vorsichtig hinzu.

„Davon weiß ich ja gar nichts", sagte meine Mutter nervös.

„Der Blutdruck ist allerdings in Ordnung", sagte die Krankenschwester.

„Hast du noch irgendwelche anderen Beschwerden?", fragte der Arzt.

„Ich weiß nicht", flüsterte ich kraftlos. Die Wärme in meinem Gesicht ließ allmählich nach, nur das geschwollene, taube Gefühl war noch da.

„Manchmal sehe ich so verschwommen", sagte ich leise und schaute dabei niemanden an. „Und manchmal wird mir ganz plötzlich schlecht, und dann tut mir der Kopf so weh ..."

Meine Stimme klang kläglich und gehetzt. „Und ich habe sehr oft das Gefühl, gleich ohnmächtig zu werden."

Ängstlich schaute ich den hübschen Arzt an, der sich jetzt plötzlich ein paar Notizen machte.

„Nora, warum hast du uns denn nichts davon gesagt?", fragte meine Mutter mit dünner Stimme.

Ich gab ihr keine Antwort und schaute stattdessen starr den Arzt an.

„Ist das etwas Schlimmes?", fragte ich leise. „Ich meine, bin ich vielleicht ernstlich – krank?" Ich dachte an meinen Onkel und an Frau Korintenberg.

Der Arzt lächelte mir zu. „Ich denke, du bist in Ordnung", sagte er zuversichtlich. „Wahrscheinlich sind das nur ein paar entwicklungsbedingte Kreislaufprobleme."

Er stand auf. „Trotzdem möchte ich gerne ein paar Dinge ausschließen und einige Untersuchungen machen lassen."

Und dann ging alles sehr schnell. Sie schoben mich von Behandlungsraum zu Behandlungsraum. Benommen ließ ich alles über mich ergehen. Einmal verkabelten sie meine nackte Brust und untersuchten mein Herz, dann verkabelten sie meinen Kopf und testeten meine Gehirnströme, wobei ich mich an die Hand meiner Mutter krallte. Dann nahmen sie mir eine Menge Blut ab und schickten mich in die Röntgenabteilung, wo mein Kopf durchleuchtet werden sollte.

„Du musst ganz und gar still liegen, und dann macht das Gerät eine Menge Aufnahmen von deinem Schädel", erklärte mir eine kugelrunde Krankenschwester freundlich.

Verkrampft legte ich mich auf eine merkwürdig aussehende Röntgenliege.

Das Gerät summte lange und umständlich, und ich war ganz alleine im Raum, weil eine Begleitperson beim Röntgen nicht gestattet war.

„Hilfe, Hilfe, Hilfe ...", flüsterte ich. Obwohl ich meine Augen fest geschlossen hatte, drehte sich alles in mir und um mich herum. Ich klammerte mich an die Liege, weil ich das Gefühl hatte, jeden Moment zu fallen.

Jetzt würden sie den Tumor in meinem Kopf finden, da war ich mir ganz sicher. Gleich würden sie meiner Mutter das Röntgenbild zeigen mit dem großen, todbringenden Krebsgeschwür darin.

„Einnegermitgazellezagtimregennieeinnegermitgazellezagtimregennieeinnegermitgazellezagtimregennie."

„Nora, hörst du mich nicht? Du kannst wieder aufstehen."

Die dicke Krankenschwester zupfte mich am Pulloverärmel.

„Einnegermitgazellezagtimregennie ...", murmelte ich und schlug die Augen auf.

Die Krankenschwester lächelte mich an. „Na, los, wir sind hier fertig."

Ich nickte zitternd und versuchte aufzustehen, aber ich schaffte es nicht.

„Was ist denn mit dir?", fragte die Schwester verwundert.

„Ich kann nicht aufstehen", flüsterte ich.

„Aber warum solltest du nicht aufstehen können?", fragte die Krankenschwester.

„Ich weiß nicht", flüsterte ich und hatte plötzlich das sichere Gefühl, den Tumor zum ersten Mal tatsächlich zu spüren. Mein Kopf tat plötzlich schrecklich weh, und das Schwindelgefühl ließ das Zimmer um mich herum wanken und schwanken.

„Unsinn, natürlich kannst du aufstehen", sagte die Krankenschwester aufmunternd und gab mir ihre Hand. „Komm."

„Nein, ich kann nicht", flüsterte ich verzweifelt und fing an zu weinen.

8

Ich weinte und weinte, und schließlich holte die Krankenschwester den Arzt und meine Mutter.

„Nora, was ist los? Warum willst du nicht aufstehen?", fragte meine Mutter und beugte sich über mich.

„Mein Kopf", flüsterte ich. „Mir ist schon wieder so schwindelig, und übel ist mir auch ..."

Wieder wurde mein Blutdruck gemessen, und wieder leuchtete mir der Arzt in die Augen.

„Alles im grünen Bereich", hörte ich ihn sagen. „Sämtliche Werte sind normal. Das Einzige, was wir gefunden haben, waren leichte Herzrythmusstörungen, aber auch die sind harmlos. Das haben viele Mädchen in ihrem Alter."

Mein Herz?

Lea. Meine tote Schwester ...

Ich schaute meine Mutter an, die ebenfalls schluckte.

„Also, alles in Ordnung, Nora."

79

„Und mein Kopf?", flüsterte ich.

„Einen Moment, ich hole die Bilder", sagte der Arzt. Er verließ den Raum.

„Nora, nun steh endlich auf", bat meine Mutter eindringlich.

Ich versuchte es, aber meine Beine gehorchten mir nicht. Sie waren wie tot, wie bereits gestorben, ich hatte das Gefühl, sie nicht einmal mehr spüren zu können.

In dem Moment kam der Arzt zurück. In der Hand hielt er einen großen schwarzen Röntgenbogen. Ich starrte wie gebannt darauf. Lauter fünfmarkstückgroße helle Kreise waren darauf zu sehen.

„Alles in Ordnung", sagte der Arzt zufrieden. „Dein Kopf ist rundherum gesund."

Ich lag ganz still und spürte, wie meine Beine wieder lebendig wurden, wie die Muskeln in meinem Körper sich entspannten und wie das Zittern langsam verebbte.

Plötzlich musste ich an Jakob denken. Ich sehnte mich danach, seine Stimme zu hören, mit ihm und Kasper in den Wald zu gehen und über eine Wiese zu rennen.

Vorsichtig erhob ich mich, und dann fuhren wir nach Hause.

Der April wurde ein guter Monat. Die Tulpen in unserem Garten blühten, und die Osterglocken und Narzissen und Forsythien ebenfalls, und sie machten mir keine Angst.

Der Himmel war hell, und die Luft war warm, und ich war gesund. Ich hatte keinen Tumor, mein Kopf war in Ordnung.

Meine Mutter hatte mir ein Päckchen Vitamintabletten gekauft, gleich nach unserem Abend im Krankenhaus.

„Aber du musst auch mehr an die frische Luft", hatte sie gesagt, als sie mir die Vitaminpastillen auf den Schreibtisch gelegt hatte. „Und über regelmäßigen Sport solltest du auch mal nachdenken. Schwimmen oder Joggen oder Jazztanz oder so etwas ...“

Ich hatte genickt und mich im Garten auf die frühlingswarme Wiese gelegt. Schon nach ein paar Tagen war die Schachtel mit den Tabletten leer gewesen. Heimlich hatte ich neue in der Apotheke geholt. Auf dem Beipackzettel stand zwar, eine Tablette pro Tag sei genug, aber ging es mir nicht viel besser, seit ich sie einnahm? Und ich hatte gleich vom ersten Tag an fünf oder sechs Pastillen täglich geschluckt. Vitamine konnten schließlich nicht schaden. Und was der Körper nicht brauchen konnte, schied er ganz von selbst wieder aus, das hatte ich irgendwo gelesen.

Das Telefon klingelte laut. Aber weil ich wusste, dass meine Mutter im Haus war, blieb ich, wo ich war, und rührte mich nicht.

„Nora, das war Verena“, rief meine Mutter gleich darauf. „Sie kann heute Nachmittag leider doch nicht kommen. Sie ist mit Antonio und Bernadette bei Frau Korintenberg im Krankenhaus, und da wollen sie wohl eine Weile bleiben, und danach schafft sie es nicht mehr ...“

Ich lag auf dem Bauch im Gras und rührte mich nicht. Bei Frau Korintenberg war Verena? Warum hatte sie mir das heute Morgen in der Schule verschwiegen? Mir hatte sie bloß gesagt, dass sie mich wahrscheinlich besuchen käme.

Ich drehte mich nervös auf den Rücken.

Warum erzählte mir Verena nichts mehr? Und warum traf sie sich neuerdings bloß so oft mit Bernadette? Schon gestern waren die beiden zusammen zum Tennis gefahren.

Wie es Frau Korintenberg wohl ging? Ich hatte lange

81

nicht mehr an sie gedacht, weil ich es nicht wollte. Weil ich mir diesen Gedanken verboten hatte.

„Einnegermitgazellezagtimregennie."

Ganz langsam stand ich auf und ging hinauf in unsere Wohnung.

„Alles okay, Nora?", fragte meine Mutter und schaute mich prüfend an. Sie saß an unserem Küchentisch und hatte einen Stapel neu erschienene Bücher vor sich liegen, in die sie anscheinend heute noch hineinlesen wollte.

„Jaja", murmelte ich und nahm mir das Telefon, das neben dem Bücherstapel lag. Ich ging in mein Zimmer und setzte mich auf mein Fensterbrett. Mit zitternden Fingern wählte ich Jakobs Nummer. Es dauerte lange, bis er den Hörer abnahm. Im Hintergrund hörte ich Eike schreien und jammern.

„Jakob, ich bin es ...", sagte ich, und meine Stimme zitterte wie meine Finger.

„Hallo, Nora", sagte Jakob. Und dann rief er: „Nein, Eike, lass das! Nein, habe ich gesagt, es reicht jetzt. Der Pudding ist nun mal alle ..."

„Jakob, ich ...", begann ich, aber Jakob konnte immer noch nicht zuhören. „Entschuldige, Nora, aber Eike spinnt heute leider komplett. Seine Schule war früher aus, und sein Zivi liegt mit einer schweren Erkältung im Bett."

Ich hörte es krachen, und im nächsten Moment schrie Eike noch lauter als vorher.

„Eike, du Nervensäge", rief Jakob wütend. „Hör auf, die Bude zu zerlegen, davon gibt es weder neuen Pudding noch Ulf."

Ulf war Eikes Zivildienstleistender, der ihn nachmittags betreute, bis Jakobs Mutter von der Arbeit nach Hause kam.

„Jakob, könntest du mich besuchen kommen?", fragte

ich flehend, obwohl ich bereits ahnte, dass ich vergeblich fragte. „Ich fühle mich so komisch, und ...“

„Kannst du noch mal kurz warten, Nora?“, rief Jakob, und seine Stimme klang fast ebenso flehend wie meine. „Ich muss erst meinen wild gewordenen Bruder bändigen, bevor der unsere Wohnung komplett zertrümmert vor Puddinggier.“

Ich hörte, wie Jakob den Telefonhörer zur Seite legte.

Da schaltete ich das Telefon aus und wankte in mein Zimmer.

Ich spürte, wie es wieder passierte.

„Einnegermitgazellezagtimregennie“, flüsterte ich ängstlich, schlüpfte in meine Jacke, stolperte durch das sonnige Treppenhaus, klopfte gegen unseren Briefkasten und rannte in den kleinen Park, um meinen Schutzweg abzulaufen.

Ich musste mich beruhigen.

Aber das war nicht leicht in einem Moment, der sich anfühlte wie sterben.

Ich wankte durch den Park, überall um mich herum waren Menschen, vor allem Kinder. Sie spielten hier, wie ich früher einmal an diesem Ort gespielt hatte. Irgendwann blieb ich stehen und lehnte mich Halt suchend an einen Baum an. Immer noch schwankte alles um mich herum, aber die Erinnerung an früher hatte mich mit aller Wucht gepackt. Es kam mir so vor, als wäre es gestern gewesen, als ich zum letzten Mal hier barfuß durch die raschelnden Büsche geschlichen war, auf irgendeinem Abenteuer. Ich schloss die Augen und sehnte mich nach diesem Leben, dieser Zeit zurück. Damals war noch alles gut gewesen. Oder zumindest nicht so schlimm.

„Ist alles in Ordnung?“, dröhnte plötzlich eine schrille,

ohrenbetäubende Stimme direkt neben mir. Erschrocken öffnete ich die Augen. Ich hatte ganz vergessen, wo ich war, und dabei lehnte ich doch bloß im kleinen Park an einem der hohen Kastanienbäume.

„Was?", stammelte ich und hielt mir die Ohren zu.

Die dröhnende, wahnsinnige Stimme kam merkwürdigerweise von einer kleinen, schmächtigen, alten Frau. Wie war es möglich, dass sie eine derartig grauenvoll laute Stimme besaß?

„Brauchst du Hilfe? Geht es dir nicht gut?", schrie die kleine Frau wie von Sinnen. Komisch, dass keiner zu uns herschaute. So eine verrückte, schrille Stimme musste doch Aufsehen erregen, aber niemand beachtete uns. Konnte es sein, dass nur ich dieses Geschrei hörte? War das ein neuer Wahnsinn in mir? Ich stieß mich vorsichtig von dem Baum ab und machte ein paar kleine, wackelige Schritte.

„Bitte, ich muss weg ...", flüsterte ich, und dann hastete ich, so schnell ich es mit dem Schwindel in meinem Kopf schaffte, aus dem schrecklichen Park.

Nie wieder wollte ich ihn betreten, das nahm ich mir ganz fest vor. Auf ein Mal hasste ich den kleinen Park.

Benommen lief ich die Straße hinunter. Ich wollte zu Verena fahren, selbst wenn Verena noch gar nicht zurück war von ihrem Besuch bei Frau Korintenberg. Bei Verena zu Hause würde es mir bestimmt bald wieder besser gehen.

Meine Zähne klapperten vor Aufregung. Und genau in diesem Moment erreichte ich die Straßenecke, an der früher das Maier-Haus gestanden hatte. Wie angewurzelt blieb ich stehen. Nicht nur das kleine, graue Haus war restlos verschwunden, samt seiner zerstörten, umgefallenen Schnörkelzaunreste, auch die vielen stacheligen, wilden

Büsche waren nicht mehr da, gar nichts war mehr da. Es war einfach eine graue, leere Straßenecke mit nichts.

Da fing ich an zu weinen. Ich presste mir fest meine Fingerspitzen in die Augen, aber die Tränen liefen mir die Wangen hinunter. Fester und fester drückte ich, bis ich vor Schmerzen hätte schreien können, aber es kamen trotzdem noch mehr Tränen. Hinter meinen geschlossenen Augen zuckten helle, schmerzende Lichtblitze, und nach und nach beruhigte mich dieser Schmerz. Irgendwann konnte ich weitergehen, ich blinzelte unsicher in die Helligkeit um mich herum, und meine schmerzenden Augen nahmen alles nur verschwommen wahr. So erreichte ich die Bushaltestelle, und zum Glück hielt fast sofort ein Bus, in den ich einsteigen konnte. Ich lehnte meinen Kopf gegen die Scheibe und versuchte auszurechnen, wie lange ich so würde sitzen bleiben können. Von einer Bushaltestelle zur anderen dauerte es immer ungefähr drei bis vier Minuten, und in Gedanken zählte ich die Stationen ab, die ich fahren musste. Ich kam auf dreizehn Stationen. Dreizehn mal vier war zweiundfünfzig. Zweiundfünfzig Minuten Ruhe. Ich schloss die Augen und merkte dabei, dass der Schmerz, den meine quetschenden Finger verursacht hatten, verschwunden war. Ich versuchte, ruhig zu atmen, ruhig zu bleiben, aber es klappte nicht. Nervös schaute ich mich um. Im vorderen Teil des Busses saßen nicht viele Menschen, und beachten tat mich kein Einziger von ihnen. Eilig drückte ich meine Finger wieder auf meine geschlossenen Augenlider und drückte so fest dagegen, wie es ging. Und da war er wieder, der Schmerz. Ich biss die Zähne zusammen und presste und presste. Ich spürte, wie mir übel wurde, und die grellen Lichtblitze waren auch wieder da. Wild zuckten sie durch meinen schwindeligen Kopf. Es fühlte sich angenehm an. Es war ein harmloser

Schmerz, den ich hier ertrug. Und ich wusste, wo er herkam, er war kein Tumor, keine gefährliche Krankheit, kein Tod.

Irgendwann ließ ich meine Hände sinken. Sogar meine Finger taten mir weh von dieser Kraftanstrengung, meine Fingerspitzen pulsierten. Ich entspannte mich und genoss die Ruhe, die ich in mir erzwungen hatte.

Als der Buslautsprecher „Albert-Schweitzer-Straße" ansagte, stieg ich aus. Zu Verena gelangte man von hier aus genauso schnell wie zu Jakob. Ob ich nicht besser zu ihm gehen sollte? Vielleicht könnte ich ihm erzählen, was dauernd in mir passierte, und vielleicht würde er mir helfen können? Aber dann musste ich an Eike denken, und den Gedanken an Eike ertrug ich nicht. Schade, dass es Jakob nur in Verbindung mit seinem verrückten Bruder gab. Ich spürte, wie ich mir wünschte, es gäbe Eike nicht, er wäre ganz einfach nicht da, und niemand müsste sein Schreien und Weinen ertragen und sein Herumschaukeln und seine Angstzustände.

Gereizt erreichte ich das Haus, in dem Verena wohnte, drückte auf den Klingelknopf und wartete. Verenas kleine Schwester Lilli öffnete mir.

„Hallo", sagte sie. „Willst du zu Verena?"

„Ja", sagte ich und lehnte mich an den Türrahmen.

„Die ist aber noch bei eurer kranken Klassenlehrerin", erklärte Lilli.

Ich zuckte zusammen.

„Willst du trotzdem reinkommen?", fragte Lilli.

„Ich weiß nicht", sagte ich leise und spürte das Zittern in mir aufkeimen.

„Deine Mutter hat vorhin angerufen", sagte Lilli in diesem Moment. „Sie hat gefragt, ob du bei uns bist."

Ich schwankte leicht und hielt mich an der Tür fest.

„Hallo, Nora", sagte da plötzlich Arne, Verenas älterer Bruder, und schob Lilli zur Seite.

Ich sagte nichts. Arne war achtzehn, und vor zwei Jahren war ich mal heimlich in ihn verliebt gewesen, aber ich hatte mit niemandem darüber gesprochen.

„Mensch, Nora, du siehst ja ziemlich fertig aus", sagte Arne, und es kam mir so vor, als betrachte er mich, wie man eine angematschte Birne auf dem Obst-und-Gemüse-Markt betrachtet.

„Los, komm rein, und ruf deine Mutter mal an", fuhr Arne fort. „Sie war ziemlich in Panik deinetwegen, anscheinend hast du dich einfach so klammheimlich aus dem Haus geschlichen, und sie schien irgendwie zu glauben ..."

Arne brach ab, und ich stolperte stumm hinter ihm ins Haus.

„Ich muss erst zur Toilette, bitte", sagte ich leise, weil Lilli schon wieder um mich herumsprang und mir auffordernd das schnurlose Telefon entgegenhielt.

Ich ging schnell zur Gästetoilette und schloss die Tür hinter mir. Zitternd lehnte ich mich an die gekachelte Wand und presste meine Finger fest gegen die Augen. Und wieder folgten Schmerz, Lichtblitze und eine schnelle, heftige Übelkeit. Meine gequetschten Augäpfel zuckten unter meinen drückenden Händen.

Und es funktionierte erneut, das Zittern ließ allmählich nach, und ich konnte das Badezimmer verlassen.

„Was ist denn mit deinen Augen?", fragte Lilli verwundert und starrte mich an.

„Nichts ist ...", murmelte ich kurz angebunden und schnappte mir das Telefon.

„Hallo, Mama", sagte ich gleich darauf in den Hörer und drehte mich von Lilli weg.

Meine Mutter war wütend auf mich, aber sie gab sich

87

Mühe, es mich nicht merken zu lassen. Ich merkte es trotzdem.

„Bitte, ich will heute bei Verena schlafen", sagte ich leise.

„Mir wäre es lieber, du kämest nach Hause, Nora", sagte meine Mutter. „Du kannst nicht immer einfach davonlaufen, ohne Bescheid zu geben."

„Ich weiß, es tut mir Leid", murmelte ich.

„Und deine Schulsachen hast du ja auch nicht dabei", sagte meine Mutter.

„Die hole ich morgen Früh ab."

„Was ist bloß los mit dir, Nora?"

„Ich weiß nicht", sagte ich.

„Papa und ich machen uns Sorgen."

Ich schwieg, und schloss für einen Moment meine Augen. Es war ein schönes Gefühl, dass sich meine Eltern um mich sorgten. Doch dann musste ich daran denken, wie wenig mein Vater sich in der letzten Zeit zu Hause sehen ließ, und das schöne Gefühl war plötzlich weg.

„Also, ich bleibe dann hier, okay?", sagte ich schließlich.

„Nora, ich ..."

„Bis morgen, Mama."

Ich drückte schnell die Ausschalttaste und gab Lilli das Telefon.

In diesem Moment kam Verena zurück. Zusammen mit Bernadette.

9

„Oh hallo, Nora", sagte Verena erfreut. Und das sagte auch Bernadette, die ich plötzlich verabscheute. Denn Bernadette wollte mir Verena wegnehmen, so viel stand fest. Dabei war Bernadette doch schon ewig mit Amanda befreundet, und Verenas Bruder Arne war vor zwei Jahren ihr Abschlussballpartner in der Tanzschule gewesen. Bernadette brauchte Verena doch gar nicht, im Gegensatz zu mir.

„Kann ich heute bei dir übernachten?", fragte ich leise.

„Klar", sagte Verena und lächelte mir zu. „Bernadette bleibt auch", fügte sie hinzu. „Das wird bestimmt super. Zu dritt ist es noch viel lustiger."

Ich sagte nicht Ja und nicht Nein, obwohl es in mir schrie, dass Bernadette gehen sollte, am besten jetzt sofort.

„Los, wir essen was", sagte Bernadette in diesem Moment. „Ich sterbe vor Hunger. Wollen wir uns arme Ritter machen?"

„Apropos Sterben ...", sagte Arne. „Was macht denn die schöne Belinda Korintenberg? Geht es ihr besser oder ...?"

„... oder stirbt sie?", unterbrach ihn Lilli. „Mama hat gestern gesagt, mit diesem Krebs ist nicht zu spaßen, an dem stirbt man schneller, als ein Schwein blinzelt ..."

Der Boden wankte, und ich stürzte ins Bad, und darum hörte ich nicht, was Verena und Bernadette antworteten.

Meine Finger waren eiskalt, und weh taten sie mir auch. Trotzdem bohrte ich sie wieder in meine Augen hinein, die jetzt schon bei der leisesten Berührung schmerzten.

Aber diesmal funktionierte es nicht, es klappte einfach nicht. Dabei waren die Lichtblitze da und der Schmerz und die Übelkeit ebenfalls. Trotzdem wurde ich nicht ruhiger. Ich wimmerte leise und presste mir schnell eine Hand vor den Mund. Die anderen durften mich schließlich nicht hören.

Und genau in diesem Moment passierte es. Dabei war ich doch wach, ganz und gar wach. Ich schlief doch nicht, und die Maden kamen doch sonst nur, wenn ich schlief und von ihnen träumte.

89

Aber diesmal kamen sie am helllichten Tag, und sie waren überall um mich herum. Sie krochen aus meinen brennenden Augen und kamen aus meinen Nasenlöchern, sie krochen die gekachelten Wände hinauf und fielen von der Badezimmerdecke auf meinen Kopf hinunter.

„Nein, nein, nein ...", schrie ich, aber merkwürdigerweise kam kein Laut aus meinem Mund. Vielleicht lag es ja daran, dass ich den Mund gar nicht geöffnet hatte bei meinem Schrei. Ich hatte Angst davor, dass Maden in meinen Mund hineinkrabbeln würden, wenn ich den Mund aufmachte. Oder würden Maden aus meinem Mund herauskrabbeln?

Aber weil ich den Mund nicht öffnen konnte und meine Nase voller klebriger Miniwürmer war, bekam ich keine Luft mehr. Irgendwann hielt ich es nicht mehr aus und riss meinen Mund auf und versuchte, mir die Maden von der Zunge zu schlagen. Ich atmete und atmete und atmete, um wenigstens nicht zu sterben. Und dann war plötzlich alles gut. Die Luft wurde warm und lau, und ein helles, weiches Licht schien plötzlich um mich herum zu sein. Alles war in Ordnung. Ich kuschelte mich erleichtert zusammen und schlief ein.

Als ich die Augen öffnete, lag ich auf einem Sofa in einem Wohnzimmer. Ich blinzelte verwundert und sah eine Menge Menschen um mich herum, die mich anschauten. Verena und Bernadette und Arne und Lilli und Verenas Mutter und Verenas anderer Bruder.

„Zum Glück hatte sie nicht abgeriegelt", hörte ich Bernadette sagen.

„Sie ist aufgewacht", flüsterte Lilli.

„Na, Gott sei Dank!", rief Verenas Mutter und streichelte meine Stirn.

„Mensch, du hast uns einen Riesenschreck eingejagt, Nora", sagte Verena. „Einfach so im Gäste-WC umzukippen."

„Hast du öfter Kreislaufprobleme?", erkundigte sich Verenas Mutter. „Ich bin in meiner Jugend auch immer in Ohnmacht gefallen." Sie lächelte mir zu. „Deine Mutter muss jeden Moment hier sein, ich habe sie angerufen."

Ich schwieg und schwieg und schwieg.

„Deine Augen sind ganz verschwollen", sagte Verena und setzte sich besorgt neben mich.

„Das kommt wahrscheinlich von der Ohnmacht", erklärte Verenas Mutter.

„Aber solche Augen hatte sie schon, als sie kam", rief Lilli.

Ich drehte mich unwillig zur Wand. Jeder Knochen, überhaupt alles, tat mir weh.

Und dann kam meine Mutter und fuhr mit mir zum zweiten Mal ins Krankenhaus. Stumm ließ ich alle Untersuchungen über mich ergehen, aber bis auf eine Prellung an der linken Schulter und einen kleinen Bluterguss hinter dem linken Ohr fanden die Krankenhausärzte nichts. Und für meine angeschwollenen Augen fanden sie gar keine Erklärung.

Was waren das für Ärzte?

Und dann begann das Ende.

Zu Hause nahm ich den Rest meiner Vitamintabletten und verkroch mich in mein Bett. Mir tat immer noch alles weh, und wenn ich an Verena dachte, stand mir sofort das kleine, enge Gästebadezimmer vor Augen, in dem ich zusammengebrochen war.

Nie wieder wollte ich zu Verena gehen. Ich dachte an Bernadette, die jetzt in diesem Augenblick dort war. Be-

91

stimmt redeten sie und Verena über mich. Vielleicht machten sie sich ja sogar lustig über mich?

Ich dachte an Jakob, den ich vor ungefähr tausend Jahren einmal geküsst hatte. Ich konnte mich gar nicht mehr richtig daran erinnern. Aber an das Gefühl der schleimigen Maden auf meiner Zunge konnte ich mich noch sehr gut erinnern.

Ich fühlte, wie es mir im Magen rumorte. Stocksteif lag ich da und hasste meinen ganzen Körper von Kopf bis Fuß. Wieder rumorte mein Bauch. Er fühlte sich merkwürdig aufgebläht an. Zögernd tastete ich mit meinen Fingern darauf herum. Meine Finger taten immer noch weh, wie entzündet oder geprellt fühlten sie sich an. Was war bloß mit meinem Bauch los? Ich war doch erst vor einer knappen Stunde im Krankenhaus untersucht worden, und die Ärzte hatten gesagt, ich sei in Ordnung.

Allerdings hatten sie sich um meinen Bauch auch nicht gekümmert. Meinen Kopf hatten sie untersucht, meine Augen, meine Ohren, meinen Gleichgewichtssinn und mein Herz.

Aber ich konnte ja auch etwas im Bauch haben. Magenkrebs oder Darmkrebs oder Unterleibskrebs oder Nierenkrebs oder Leberkrebs oder Gallenblasenkrebs ...

Jetzt rumorte es auch in meinen Gedärmen. Ich presste meine Hände auf meinen Bauch, aber das half nichts. Im Gegenteil, aus dem Rumoren wurde nach und nach ein stechender Schmerz.

Mühsam richtete ich mich auf und lauschte in mich hinein, aber in mir drin war es bis auf diesen merkwürdigen Schmerz still und kalt. Vorsichtig stand ich auf, und sofort wurde mir wieder schwindelig. Trotzdem stieg ich aus dem Bett und ging langsam zur Tür. Ich wollte auf die Toilette, in meinem Bauch rumorte es immer heftiger.

Aus unserer Küche kamen Stimmen. Mein Vater schien nach Hause gekommen zu sein. Warum war er nicht zu mir heraufgekommen? Ich blieb stehen und lauschte. Stritten sich meine Eltern etwa? Es hörte sich ganz so an.

„Verdammt, wo warst du heute Nacht?", zischte meine Mutter.

„Ich habe es dir doch schon hundert Mal gesagt: Ich habe im Büro übernachtet", sagte mein Vater, aber seine Stimme klang merkwürdig.

„Das ist eine Lüge", zischte meine Mutter. „In deinem Büro habe ich immerzu angerufen, da hat sich nur deine blöde Mailbox gemeldet."

„Ich hatte das Telefon ausgestellt, Amrei", sagte mein Vater, und seine Stimme wurde nun auch einen Ton aggressiver. „Ich bin im Termindruck und musste mich konzentrieren."

„Und warum bist du danach nicht heimgekommen?", erkundigte sich meine Mutter lauernd.

„Amrei, um Himmels willen, es war weit nach Mitternacht, als ich fertig war, ich war todmüde und habe mich einfach auf das verflixte, buckelige Sofa geschmissen."

Für einen Moment war es ganz still in der Küche.

„Ich glaube dir nicht, Michael", sagte meine Mutter dann traurig.

Wieder war es still.

Ich lehnte zitternd an der Flurwand.

„Und soll ich dir mal sagen, was ich stattdessen glaube?", fuhr meine Mutter im nächsten Moment fort. Ihre Stimme wurde wieder ein bisschen lauter. „Ich glaube, dass du ein Verhältnis mit dieser vertrottelten Carmen mit den Hennalocken hast!"

Ich erstarrte. Die „vertrottelte Carmen mit den Hennalocken" war eine junge Architektin aus Berlin, die seit ein paar Wochen im Büro meines Vaters mitarbeitete. Konnte es wirklich sein, dass mein baumlanger Vater mit ihr ...

„So ein Blödsinn", fauchte mein Vater, aber wieder klang seine Stimme sonderbar.

Plötzlich schluchzte meine Mutter. „Was ist nur los bei uns in der letzten Zeit? Nichts funktioniert mehr. Nora wird immer merkwürdiger und verschlossener und läuft mit einem Blick herum, als ginge morgen die Welt unter – und du, du kommst kaum noch nach Hause und lässt mich mit allem alleine und belügst und betrügst mich auch noch ..."

„Verflixt, Amrei, das kannst du nicht wirklich glauben!", schimpfte mein Vater. „Nur weil ich ein paar Mal im Büro übernachtet habe, unterstellst du mir gleich ... Und dabei bist du doch selber immerzu unterwegs. Und wenn du zufällig mal zu Haus weilst, dann bist du mit deinen Gedanken trotzdem meilenweit weg. In deinem vermaledeiten Buchladen oder bei deinen Opfern von rechter Gewalt oder sonstwo ..."

„Jetzt werd nicht unsachlich, und lenk nicht ab!", rief meine Mutter wild.

„Psst, ich denke, Nora schläft", zischte mein Vater.

Wieder schluchzte meine Mutter. „Ach, was weiß denn ich. Wahrscheinlich schläft sie gar nicht, sondern starrt mal wieder Löcher in die Wand. Michael, ich mache mir Sorgen. Manchmal glaube ich wirklich, mit Nora stimmt ernstlich etwas nicht. Vielleicht ist sie ja tatsächlich krank oder ..."

Eisige Kälte überfiel mich, als ich das hörte. Ich stolperte zum Badezimmer und verschloss die Tür hinter mir. Meine Zähne klapperten, und meine Beine zitterten, und in meinem Bauch verdreifachten sich die Schmerzen. Es waren richtige Krämpfe, die mich jetzt schüttelten. Ich stürzte zur Toilette und übergab mich. Dabei hatte ich doch so gut wie gar nichts gegessen. Trotzdem spuckte und spuckte und spuckte ich. Entsetzt starrte ich in die Toilettenschüssel. Was brach ich da nur? Das war ja nichts als rötlicher Schaum und Schleim. Danach rebellierte mein Darm, und ich hatte Durchfall wie noch nie in meinem Leben. Auch dieser Durchfall war rot. War das Blut?

An die vielen roten Vitaminpillen, die ich in den letzten Stunden und den letzten Tagen und Wochen geschluckt hatte, dachte ich nicht in diesem Moment.

„Ich sterbe", flüsterte ich verzweifelt. „Hilfe, jetzt sterbe ich wirklich. – Ein Neger mit Gazelle zagt im Regen nie! Mama, Papa, hört ihr mich denn nicht? Ich sterbe! Ein Neger ..."

Kalter Schweiß brach mir aus, es fühlte sich so an, als ströme er literweise aus mir heraus. Er tropfte von meiner Stirn und lief mir in Bächen links und rechts an meiner Nase entlang, er quoll mir unter den längst nassen Haaren hervor und durchweichte mein T-Shirt.

„Es soll aufhören, aufhören, aufhören ...", bat ich tonlos und kauerte mich auf dem kalten Fliesenboden zusammen. Aber es hörte nicht auf. Stattdessen starb ich weiter, Stück für Stück. Meine Beine fühlten sich plötzlich ganz taub an, voller Panik kniff ich mir in beide Oberschenkel und schlug mir mit den Fäusten auf die Schienbeine. Und tatsächlich, meine Beine machten bereits nicht mehr mit. Ich konnte nicht spüren, was ich tat. Und ich konnte auch nicht um Hilfe rufen, denn meine Stimme und mein Mund versagten ebenfalls. Ich konnte mich überhaupt nur noch mühsam und wie in Zeitlupe bewegen, und dann merkte ich entsetzt, wie ich einfach lospinkelte wie ein Baby. Unter mir bildete sich eine kleine, gelbe Pfütze, und ich hatte es nicht einmal bemerkt.

So war es auch bei Ticktack gewesen, ehe er starb, er hatte sich voll gepinkelt.

Da wurde ich plötzlich ganz ruhig. Vorsichtig richtete ich mich auf und heftete meinen Blick entschlossen auf unser kleines Erste-Hilfe-Medizinschränkchen, das gleich neben der Duschkabine an der Wand hing.

Einmal musste Schluss sein mit allem, so war es doch. Und wenn man erst tot war, konnte man nicht mehr sterben. Und Angst haben konnte man dann auch nicht mehr.

Auf Wiedersehen, Mama.

Auf Wiedersehen, Papa.

Mach's gut, Verena. Jetzt kannst du ruhig mit Bernadette befreundet sein.

Auf Wiedersehen, Jakob. Danke für den kleinen Herzstein, auch wenn ich im Moment nicht einmal weiß, wo er ist. Es war schön mit dir und Kasper im Wald, und es tut mir Leid, dass ich mal gedacht habe, es wäre besser, es gäbe Eike gar nicht.

Auf Wiedersehen, Leben.

Das Telefon klingelt.

„Amrei, das Telefon", sagt Noras Vater.

„Das Telefon ist mir im Moment wirklich egal", sagt Noras Mutter. Aber dann greift sie doch nach dem Hörer. Es ist Jakob.

„Kann ich bitte Nora sprechen?", fragt Jakob.

„Es tut mir Leid, aber Nora hat sich hingelegt, sie schläft", sagt Noras Mutter.

Aber dann sagt Jakob im Grunde genau das Gleiche, was Noras Mutter schon lange denkt. „Sie kann doch nicht immerzu nur schlafen", sagt er. „Schauen Sie bitte nach."

Noras Mutter geht in Noras Zimmer, aber Noras Bett ist leer.

„Nora, wo steckst du?", ruft sie. „Jakob ist am Telefon. Bist du auf der Toilette? Nora?"

Es ist still, und Noras Mutter klopft an die Badezimmertür. Immer wieder.

„Michael!", ruft sie schließlich.

„Nora, nun mach schon die Tür auf", sagt Noras Vater gereizt.

Etwa eine Minute später öffnet er die Tür gewaltsam. Es kracht entsetzlich.

„Nora!", schreit Noras Vater.

„Was ist mit ihr?", schreit Noras Mutter.

Das Telefon fällt ihr aus der Hand und zersplittert auf dem harten Fliesenboden.

Noras Vater hebt Noras Oberkörper hoch, und Noras Kopf kippt nach hinten.

„Nein! Nein! Nein!", schreit Noras Mutter.

„Ruf einen Krankenwagen", schreit Noras Vater, trägt Nora aus dem Badezimmer in ihr eigenes Zimmer und bettet sie wie ein Baby auf ihr ungemachtes Bett.

Noras Augen stehen ein bisschen offen, und ihr Gesicht ist fast weiß. Auch Noras Lippen sind weiß.

Noras Mutter starrt für einen Moment auf das kaputte Telefon, und dann stürzt sie zum anderen Apparat, der in der Diele steht.

Für einen Moment muss sie an Lea denken, und wie sie Lea zum Abschied auf ihr kleines, dünnes Babygesicht geküsst hat.

Und dann weiß sie nicht, welche Telefonnummer sie jetzt wählen soll. Sie kann nicht mehr denken.

„Michael, wo soll ich anrufen? Welche Nummer?", schreit sie verzweifelt.

„Wähle 112", schreit Noras Vater zurück. „Sie sollen einen Rettungswagen schicken, aber schnell. Ich weiß nicht, ob sie überhaupt noch atmet ..."

Gleich darauf ist der Rettungswagen da, und eine Menge Nachbarn stehen auch auf der Straße.

„Platz machen!", rufen die Sanitäter und kommen mit einer Trage in die Wohnung.

„Stirbt sie? Stirbt sie? Stirbt sie?", schreit Noras Mutter.

Noras Vater sagt kein Wort.

„Steigen Sie mit ein", sagt ein Sanitäter zu Noras Eltern.

Noras Mutter schließt die Augen, weil der Rettungswagen so unglaublich schnell fährt, fast unwirklich schnell. Die vertrauten Straßen schießen vorbei wie ganz und gar fremde Schatten, und es kommt Noras Mutter trotzdem so vor, als stehe die Zeit still.

Jakob hat den Schrei, den Noras Mutter ausgestoßen hat, ehe die Verbindung unterbrochen wurde, gehört. Benommen sitzt er neben dem Telefon und fühlt sich wie gelähmt. Etwas Schreckliches muss passiert sein mit Nora ...

Hinter Jakob steht Eike, und weil Jakob so verzweifelt aussieht, streichelt Eike seinem Bruder sorgfältig das Gesicht.

„Ach, Eike, ich müsste jetzt mal ganz dringend weg", sagt Jakob und schaut auf seine Armbanduhr. Aber seine Mutter ist noch nicht von der Arbeit zurück, und Ulf ist immer noch krank.

Jakob tigert wie verrückt durch die Wohnung. Immer wieder wählt er Noras Nummer, aber da nimmt keiner den Hörer ab.

Wild wählt Jakob Ulfs Telefonnummer.

„Ulf, verdammt, du musst jetzt kommen!", schreit er den grippekranken Zivildienstleistenden an.

Zuerst lehnt Ulf empört hustend ab, aber als Jakob anfängt zu weinen, gibt er nach.

Und zehn Minuten später ist er da. So lange hat Eike sich um Jakob gekümmert, hat ihn gestreichelt und ihm Gummibärchen geschenkt und für ihn auf seiner Mundharmonika gespielt.

„Danke, Ulf", ruft Jakob und stürzt aus dem Haus.

Die Nachbarn in Noras Straße sagen ihm schließlich, was passiert ist und in welches Krankenhaus man Nora gebracht hat.

Im Krankenhaus sieht Jakob Noras Eltern, aber er traut sich nicht, sie anzusprechen. Starr und stumm stehen sie nebeneinander,

Hand in Hand, aber ohne sich anzusehen. Jakob setzt sich ins Treppenhaus der Notaufnahme.

„He, du Punker, verschwinde von hier...", sagt ein weiß gekleideter Pfleger unfreundlich. Aber Jakob rührt sich nicht. Und dann kommt plötzlich eine sehr junge, sehr hübsche Krankenschwester und drückt ihm eine Plastiktasse mit Kaffee in die Hand.

„Wartest du auf jemanden?", fragt sie.

Jakob nickt und pustet in den heißen Kaffee. Dabei schaut er aus den Augenwinkeln die junge Krankenschwester an. Sie ist wirklich hübsch, und sie sieht so gesund und vergnügt und sorglos aus. So einen Blick hat Nora nie. Nora mit den traurigen Augen. Wie schön wäre es, wenn Nora mal so vergnügt lächeln würde.

„Meine Freundin, Nora Esslin, hat angeblich versucht, sich ... Sie hat ... "

Jakob schweigt.

„Soll ich mich mal erkundigen?", fragt die Krankenschwester.

Jakob nickt, und dann gehen sie zusammen den weißen Gang entlang.

Plötzlich steht Jakob vor Noras Eltern.

„Guten Abend", sagt er zögernd und würde diesen blöden Satz gleich darauf am liebsten in winzige Fetzen reißen. Wie kann er nur Guten Abend sagen? Nichts, wirklich nichts an diesem Abend ist gut.

„Hallo, Jakob", sagt Noras Mutter, und ihre Stimme schwankt beim Sprechen.

„Wie ... wie geht es ihr denn?", fragt Jakob vorsichtig.

„Sie haben ihr den Magen ausgepumpt", antwortet Noras Mutter leise. „Aber sie ist noch ohne Bewusstsein, mehr wissen wir noch nicht. "

In dem Moment kommt die hübsche Schwester zurück.

„Frau Esslin? Herr Esslin?", fragt sie, und Jakob findet sogar ihre Stimme hübsch.

„Können wir jetzt zu ihr?", fragt Noras Vater.

Die Krankenschwester schüttelt den Kopf. „Heute Abend nicht mehr. Nora ist verlegt worden, in die Jugendpsychiatrie. Der behandelnde Arzt ist Doktor Winkelhoog."

„Ist sie außer Lebensgefahr?", flüstert Noras Mutter.

Die Krankenschwester nickt. „Sie können gleich mit dem Doktor sprechen." Sie nennt Stockwerk und die Zimmernummer.

Jakob lehnt sich an die Wand. Er ist plötzlich sehr müde und wünscht sich weit weg. Verzweifelt ertappt er sich bei dem Gedanken, wie schön es wäre, jetzt einen lustigen Abend zu verbringen, anstatt hier zu sein. Einen Abend mit einem lachenden Mädchen. Vielleicht mit der hübschen Krankenschwester.

Traurig gibt er Noras Eltern die Hand und geht langsam davon, während Noras Eltern sich auf den Weg in die Jugendpsychiatrie machen.

10

Ich wachte auf, obwohl ich nicht aufwachen wollte. Ich war einfach ganz plötzlich da. Noch niemals vorher war ich so aufgewacht. Es war kein langsamer Übergang wie sonst. Es war kein gemächliches Zu-mir-Kommen, kein verschlafenes Blinzeln im Morgenlicht.

Ich wachte stattdessen einfach mit einem Ruck auf und kam aus dem Nirgendwo. Ich erschrak und spürte sofort, dass ich schwer krank war, mein ganzer Körper war zerschlagen, als hätte ich stundenlange körperliche Schwerstarbeit hinter mir.

Und ich konnte meine Augen nicht öffnen, warum, verstand ich nicht. Meine Augen fühlten sich verschwollen und verklebt und kaputt an.

Wo war ich nur, und was war mit mir passiert? Die Luft um mich herum roch fremd, und da war jemand, der nach mir rief, der meinen Namen rief und der mein Gesicht berührte.

„Nora, kannst du mich hören? Nora, bist du wach?"

Es war eine fremde Stimme, ich kannte sie ganz bestimmt nicht. Schnell machte ich mich so klein wie möglich. Ich wollte nicht wach sein, und ich wollte niemanden ansehen und mit niemandem sprechen.

„Nora, mach doch bitte einmal deine Augen auf", sagte die fremde Stimme, und gleich darauf streichelte eine Hand meine heiße Stirn.

„Lassen Sie mich in Ruhe", flüsterte ich mühsam, mein Mund war ausgetrocknet, und meine Zunge fühlte sich dick und unförmig an. Außerdem tat sie weh beim Sprechen. Auch mein Kiefer tat weh und mein Kinn, überhaupt mein ganzes Gesicht.

„Ich will alleine sein. Ich bin so schrecklich müde, ich will schlafen, bitte ..."

„Ja, du bist müde", sagte die fremde Stimme. „Und das kann ich auch gut verstehen. Du hast schließlich eine Menge hinter dir. Aber jetzt ist es Zeit aufzuwachen. Du hast nämlich sehr lange geschlafen, Nora. Willst du wissen, wie lange?"

Ich schwieg.

„Fast sechsunddreißig Stunden hast du geschlafen", sagte die fremde Stimme, die es nicht zu stören schien, dass ich keine Antwort gegeben hatte.

Ich versuchte, mich von der Stimme zur Seite wegzudrehen, aber da breitete sich eine heftige Welle Übelkeit in meinem Bauch aus, und mein Magen krampfte sich schmerzhaft zusammen.

Ich wimmerte leise.

„Nora, du brauchst keine Angst zu haben. Du kannst mich ruhig ansehen", erklärte die Stimme und streichelte wieder meine Stirn. „Du bist hier in Sicherheit, wir kümmern uns um dich. Du bist nicht alleine."

Wo war ich bloß? Und was passierte hier? Warum lag ich in einem Bett? Mühsam öffnete ich meine schmerzenden Augen und schaute in das Gesicht einer dünnen, älteren Frau, die schon eine Menge kleiner Falten hatte, um die Augen und den Mund herum. Außerdem trug sie eine kleine, ovale Brille und hatte einen schmalen Mund, der mich anlächelte. Ich lächelte nicht zurück, sondern schaute mich weiter in dem fremden Raum um. Er war nicht besonders groß, und die Wände waren zartrosa, und außer einem hellen Holzschrank sah ich ein Waschbecken, auf dessen Beckenrand ein zusammengefaltetes Handtuch und ein Stück eingepackte Seife lagen. Gleich neben dem Bett, in dem ich lag, stand ein Infusionsständer, an dem eine Infusionsflasche hing, aus der eine durchsichtige Flüssigkeit in einen ebenfalls durchsichtigen Schlauch tröpfelte. Ich starrte darauf, und dann verfolgte ich mit meinem Blick den Verlauf dieses Infusionsschlauches. Er endete in meiner rechten Hand, die sorgfältig verpflastert war und in der eine kleine gelbe Spritze steckte.

„Was ist das?", fragte ich erschrocken. „Bin ich krank?"

„Keine Sorge, Nora", sagte die fremde Frau. „Das ist nichts weiter als harmlose Flüssigkeit für deinen Körper, angereichert mit Glucose und Elektrolyten."

„Warum kriege ich das, und wer sind Sie?", flüsterte ich unglücklich.

„Ich bin Laura Bergmann, und ich bin deine Ärztin", sagte die dünne Frau mit den kleinen Lachfalten. „Und die Infusion hast du, damit dein Körper wieder ein bisschen zu Kräften kommen konnte, noch während du geschlafen hast."

„Zu Kräften?", wiederholte ich verwirrt.

Die Ärztin nickte. „Und jetzt wird es Zeit, dass du wieder selbstständig isst und trinkst. Möchtest du vielleicht eine warme Gemüsebrühe, oder willst du lieber mit einem süßen Tee anfangen?"

Ich schaute voller Panik in dem kleinen Raum hin und her. Neben meinem Bett stand ein Krankenhausnachttisch, und an der Wand hing ein gerahmter Kunstdruck, den ich kannte. Er hing auch im Arbeitszimmer meiner Mutter. Vincent van Goghs Sonnenblumen waren es.

Meine Mutter ... mein Vater ...

Wo waren sie bloß? Warum waren sie nicht bei mir?

Die hennalockige Carmen aus Berlin ...

Was war geschehen?

Warum konnte ich mich nicht erinnern?

Und warum waren vor dem Fenster schwarze, schnörkelige Eisengitter?

„Was ist passiert? Wo bin ich? Und wo sind meine Eltern?", fragte ich leise und getraute mich nicht, die Hand zu bewegen, in der die Infusionsnadel steckte.

Eine jähe Welle der Übelkeit lief durch meinen Körper.

„Du bist in der Christophorus-Klinik", sagte die Ärztin. „Dir ging es sehr schlecht, kannst du dich nicht mehr erinnern?"

Ich schüttelte den Kopf.

„Aber jetzt wird es dir bald viel besser gehen, daran glaube ich ganz fest. Du bist nämlich auf der Station von Doktor Winkelhoog, und unsere Station ist eine ganz wunderbare Station, das wirst du schon noch merken."

Wir schauten uns an.

„Mir ist übel", sagte ich schließlich vorsichtig. „Und in meinem Hals brennt es. Und ich habe Bauchschmerzen."

In dem Moment kam eine Krankenschwester herein. In der Hand hielt sie eine Tasse, aus der es dampfte.

„Da kommt ja deine Brühe", sagte die Ärztin und nahm der Schwester die Tasse ab. „Möchtest du?"

Der Geruch der Brühe wehte sofort zu mir hinüber, und eine neue Welle Übelkeit überkam mich.

Ich schüttelte den Kopf. „Nein, ich will nichts."

„Auch keinen Tee?"

Ich schüttelte den Kopf, obwohl ich eine vage Ahnung hatte, dass ein paar vorsichtige Schlucke warmer Tee meiner schmerzenden Zunge und meinem brennenden Hals bestimmt gut getan hätten. Aber ich wollte trotzdem nichts.

„Na gut, dann isst und trinkst du halt ein bisschen später, Nora", sagte die Ärztin, deren Namen ich schon wieder vergessen hatte.

Sie stand auf. „Nachher komme ich noch einmal zu dir. Und wenn du zwischendurch etwas brauchst, dann drück einfach auf diesen Knopf." Sie deutete auf einen kleinen grauen Knopf, der an einem ebenfalls grauen Kabel hing und mit einem weißen Klebeband auf meinem Nachttisch festgeklebt war. „Wenn du hier klingelst, kommt eine Krankenschwester und sieht nach dir."

Ich nickte schwach, in meinem Kopf drehte sich alles. Ich spürte, ich würde gleich losweinen wie ein kleines Kind, und dabei wollte ich lieber alleine sein.

„Bitte, ich will jetzt wieder schlafen ...", sagte ich darum schnell.

Die Ärztin nickte und öffnete die Zimmertür, die ebenfalls hellrosa war. Aber sie drehte sich noch einmal um. „Wegen deiner Eltern, Nora", sagte sie. „Du kannst sie natürlich jederzeit sehen. Wenn du das möchtest, dann sagst du mir einfach Bescheid, ja? Und dann kommen sie."

Ich nickte, und dann schüttelte ich den Kopf. Wieder musste ich an die junge, hennalockige Architektin aus

104

dem Büro meines Vaters denken. Da war doch etwas gewesen – es hatte einen Streit gegeben, und meine Mutter hatte geweint.

„Ich möchte lieber niemanden sehen", sagte ich leise.

Die Ärztin nickte, als ob sie das verstehen könnte, und dann lächelte sie, und gleich darauf war ich alleine.

Ich fing an zu weinen, obwohl mir sogar das irgendwie wehtat. Im Kopf und in den Augen und im Hals. Aber ich weinte trotzdem, und irgendwann schlief ich wieder ein.

Dabei ging es auf dem Gang vor meiner Tür alles andere als leise zu. Wer da wohl solchen Krach machte?

Von verschiedenen Richtungen kam Musik, und immerzu trappelten laute, schnelle Schritte hin und her. Und Gelächter hörte ich auch.

Wo war ich bloß?

Als ich wieder aufwachte, schien die Sonne hell auf das fremde Bett, in dem ich lag. Die Wärme auf meinen verschwitzten Beinen war mir unangenehm, und darum zog ich die Beine widerwillig aus dem Licht. Als Nächstes blinzelte ich nervös zu diesem kleinen, vergitterten Fenster hinüber. Mein Mund und meine Zunge fühlten sich immer noch völlig ausgetrocknet und geschwollen an. Plötzlich sehnte ich mich wie verrückt nach einem Glas eiskalten, sprudelnden Mineralwasser. Ich stellte mir vor, wie ich dieses Glas an meine Lippen pressen und das kalte Wasser durch meine ausgetrocknete Kehle würde laufen lassen, Schluck für Schluck.

... Schluck für Schluck ...

Plötzlich wusste ich alles wieder, alles, was passiert war ...

Ich, im Badezimmer, nass gepinkelt und halb tot vor Todesangst. Mir war es so schlecht gegangen, und da hatte

105

ich die Tür unseres kleinen Medizinschränkchens geöffnet und alle Tabletten hervorgekramt, die ich nur finden konnte. Wie viele das gewesen waren!

Ich hatte sie wie verrückt aus den Schachteln geschüttelt und aus den Tablettenfolien gedrückt, und dann hatten sie vor mir gelegen wie ein kleiner Berg bunter Smarties. Weiße, graue, gelbe, blaue, rosa, grüne und gesprenkelte Smarties.

Dann hatte ich meinen Zahnputzbecher mit einem Schwall kaltem Leitungswasser gefüllt und die Tabletten hineingeworfen. Meine Hände hatten gezittert, ich erinnerte mich, wie ich mich ein paar Mal bücken und einzelne Tabletten vom Fliesenboden aufsammeln musste. Halb voll war der Zahnputzbecher zum Schluss gewesen, und dann hatte ich den Becher an die Lippen gesetzt, und das Wasser war in meinen Mund gelaufen. Ich hatte geschluckt und gekaut und gewürgt, und es hatte schrecklich geschmeckt, und ich musste husten, weil ich mich immerzu verschluckte.

Ich hatte gekaut und gekaut und die im Becher hängen gebliebenen Tabletten mit den Fingern in meinen Mund hineingeschoben, den anderen Tabletten hinterher.

Irgendwann war es vorbei gewesen, und weil nichts passierte, außer dass ich plötzlich wieder das Gefühl hatte zu ersticken, hatte ich Luft geholt und Luft und Luft. Und dann war ich eingeschlafen. Es war schön, es war friedlich und schaukelig, bis zu dem Moment, als ich dann plötzlich abstürzte und in eine dunkle, eiskalte Düsternis hinabkrachte ...

Mehr wusste ich nicht. Danach hatte mich diese kleine, dünne Ärztin aufgeweckt und mir eine Gemüsebrühe angeboten.

Ich runzelte die Stirn und lauschte in mich hinein. Mein

Bauch tat immer noch weh – wieso war ich eigentlich nicht gestorben an diesen vielen Tabletten?

In diesem Moment klopfte es gedämpft an die rosa Tür. Ich zuckte zusammen und rührte mich nicht. Ob das schon wieder diese Gemüsebrühe-Ärztin war?

Sie war es, und diesmal kam sie nicht alleine. Sie wurde von einem großen, kräftigen Mann begleitet, der eine eulenhafte Brille mit ziemlich dicken Gläsern trug und einen weißen, bauschigen Kinnbart hatte. Der Mann war so groß, dass er den Kopf ein gutes Stück einziehen musste, als er durch meine Zimmertür trat. Ich starrte die beiden wortlos an.

„Hallo, Nora", sagte der Mann und kam an mein Bett. Er streckte mir die Hand entgegen, und weil ich nichts tat, außer ihn weiter stumm anzustarren, nahm er meine pflasterverklebte Hand einfach von der Bettdecke, auf der ich sie vorsichtig platziert hatte, herunter und drückte sie ganz leicht.

Ich zuckte zusammen vor Schreck, dabei tat es nicht weh, der große Mann mit seinen riesigen Pranken hatte anscheinend auf die in meinem Handrücken steckende Infusionsnadel aufgepasst.

„Ich bin Doktor Winkelhoog, und du bist seit vorgestern Abend meine Patientin", sagte er mit sanfter, freundlicher Stimme. Er lächelte mir zu. „Dies hier ist die Jugendpsychiatrie", fuhr er dann fort und setzte sich auf meinen Bettrand. Das Bett quietschte entsetzt in seinen Angeln, und ich starrte entsetzt vor mich hin.

Jugendpsychiatrie ...

Ein Irrenhaus! Ich war in einem Irrenhaus gelandet! Wieder schaute ich zu dem kleinen, vergitterten Fenster.

„Ich will hier nicht sein", flüsterte ich schließlich matt. Dann schwieg ich wieder.

„Du musst ja auch nicht für immer hier bleiben", sagte Doktor Winkelhoog und warf einen Blick auf die Infusionsflasche. Dazu musste er aufstehen, und das Bett quietschte erneut. Und ich selbst rollte in meine alte Liegeposition zurück, aus der ich ein bisschen hinauskatapultiert worden war, als der dicke Arzt sich neben mich gesetzt hatte. Dieses hilflose Herumrollen bewirkte etwas Merkwürdiges in meinem Kopf. Ich fühlte mich plötzlich babyhilflos und unbedeutend und sehr klein. Ich fing an zu weinen, völlig geräuschlos, aber ich konnte spüren, wie mir die Tränen in einem scheinbar endlosen Strom aus den Augen quollen und über mein Gesicht dahinströmten.

Keiner tat etwas. Die kleine Ärztin saß einfach still neben mir auf einem Stuhl, den sie aus einem mir bisher verborgenen Winkel hinter dem Waschbecken hervorgeholt hatte, und wartete ab, und der dicke, große Arzt stand ebenfalls ruhig da und schaute mich an.

Irgendwann waren meine Augen leer geweint, und ich lag einfach nur noch da und fühlte mich schwach und müde und ratlos. Aber Angst hatte ich merkwürdigerweise keine.

Eine kleine Weile verging, in der ich erschöpft meine brennenden Augen schloss.

Und dann spürte ich mit einem Mal einen angenehm weichen, warmen Waschlappen in meinem kalten, nassen Gesicht. Vorsichtig öffnete ich die Augen und sah, dass sich die kleine Gemüsebrühe-Ärztin über mich gebeugt hatte. Das fühlte sich schön an, und es war mir merkwürdigerweise auch gar nicht peinlich, wie ein kleines Kind sauber gemacht zu werden. Anschließend holte Frau Doktor Bergmann – das stand auf einem kleinen Schild an ihrer geblümten Bluse – das Handtuch, das bisher auf dem

108

Waschbeckenrand gelegen hatte. „Und jetzt noch ein bisschen Creme", murmelte sie.

Ich schwieg, und gleich darauf war eine Krankenschwester da, die mir das Gesicht eincremte, mit einer Creme, die ganz leicht nach Blumen roch.

„Das hier brauchst du jetzt auch nicht mehr", sagte Doktor Winkelhoog und zeigte auf die Infusionsnadel in meiner Hand.

Ich rührte mich nicht und spürte im nächsten Moment einen kurzen Schmerz auf meinem rechten Handrücken.

„Schon vorbei", erklärte Doktor Winkelhoog und nickte mir zu. Ich bewegte vorsichtig meine Finger. Es tat nichts weh, ich atmete unhörbar auf.

„Aber jetzt musst du auch etwas trinken", sagte Doktor Winkelhoog.

Ich nickte stumm.

„Eine Tasse Brühe? Wir haben Gemüsebrühe und Hühnerbrühe", erklärte der große Arzt.

Ich schüttelte den Kopf, und dann brachten sie mir eine Tasse Tee. Es war eine merkwürdig geformte Tasse, und die Krankenschwester gab sie mir auch gar nicht selbst in die Hand, sondern setzte sich neben mich und führte mir eine Art Schnabel an den Mund, und dann fütterte sie mich ganz langsam mit lauwarmem, süßem Tee.

Ich trank und trank, und wieder war es mir nicht peinlich, wie ein Baby hier zu liegen.

Hinterher bürsteten sie mir die Haare und führten mich auf die Toilette. Ich konnte kaum laufen, im Bett hatte ich gar nicht gemerkt, wie schwach ich war. Die Krankenschwester musste mich stützen und festhalten, und sie half mir sogar, meine Schlafanzughose herunterzuziehen und mich auf der Toilette hinzusetzen.

„Ich bin Schwester Britta", sagte sie, und dann blieb sie

neben mir stehen, während ich pinkelte. Anschließend brachte sie mich zurück in mein Bett.

Wieder bekam ich Tee und hinterher Lippenbalsam für meine ausgetrockneten Lippen.

Und so ging es fast eine Woche lang. Ich ließ mich mit Tee und Gemüsebrühe und Jogurt und weichem Weißbrot füttern, ich ließ mich waschen und bürsten und eincremen, ich schlief und wachte auf, und zwischendurch tat ich gar nichts.

Jeden Tag kamen Laura Bergmann oder Doktor Winkelhoog zu mir und setzten sich für eine Weile an mein Bett, aber sie schienen zu verstehen, dass ich nichts sagen und nichts hören wollte und niemanden aus meinem normalen Leben sehen wollte.

Und in diesen Tagen hatte ich keine Angst, zum ersten Mal seit Wochen und Monaten nicht. Ich begriff selber nicht, wie das kam, aber es war ein so gutes Gefühl, dass ich dafür eine Menge in Kauf genommen hätte. Fast wünschte ich mir, dass es von nun an immer so weitergehen würde. Ich würde in diesem Zimmer, in diesem Bett bleiben und mich füttern lassen und niemals mehr sprechen und keinen Menschen außer Doktor Winkelhoog und Doktor Bergmann sehen, höchstens noch die freundlichen, sanften Krankenschwestern, die kamen, um mich zu versorgen, um mein Bett frisch zu machen und das vergitterte Fenster zu öffnen, damit ein bisschen frische Luft um mich war.

110

11

Aber dann kam die Welt zurück. Ich hatte in der Nacht von Frau Korintenberg geträumt, und in meinem Traum war sie gestorben, und ich war ganz alleine an ihrer Seite gewesen, und sie hatte ihre Hand an meine gekrallt, und dann war ihre Hand auf einmal ganz schlaff geworden und von meiner abgefallen.

Schreiend wachte ich auf. Ich hörte mich selbst schreien, und ich fand, dieses Schreien klang noch viel schrecklicher, als Eikes Schreien jemals geklungen hatte.

„Nora, es ist ja gut", sagte plötzlich eine Krankenschwester, die ich vorher noch nie gesehen hatte. Es war eine von den Nachtschwestern, und ich ließ sie nicht an mich herankommen.

Schluchzend saß ich in meinem Bett und schlug um mich, als sie versuchte, sich mir zu nähern.

Plötzlich wollte ich nach Hause, nach Hause, nur nach Hause ...

Ich wollte in keiner Irrenanstalt eingesperrt sein! Ich wollte normal und gesund sein. Ich wollte zu Jakob und mit ihm Mathe lernen, um für die nächste Matheklausur gewappnet zu sein.

In diesem Moment kam Doktor Winkelhoog in mein Zimmer. Ich hatte nicht gewusst, dass er auch nachts im Krankenhaus war. Er knipste das Deckenlicht an und setzte sich dann neben mich auf mein aufquietschendes Bett. Weil ich diesmal nicht lag, rollte ich auch nicht bei dieser Umverteilung der Gewichtsverhältnisse. Dieses Mal kippte ich nach vorne und lehnte im nächsten Moment an der weichen Schulter des dicken Arztes. Zuerst weinte ich eine Weile, und Doktor Winkelhoog saß ganz still da und ließ sich seine Schulter nass weinen. Dann zog ich mich wieder zurück und lehnte mich gegen mein Kissen. Wir sahen uns an.

„Ich will nicht krank sein", sagte ich schließlich so leise, dass ich mir nicht sicher war, ob Doktor Winkelhoog mich überhaupt verstanden hatte.

Aber er hatte mich verstanden.

„Es ist keine Schande, krank zu sein", antwortete er mir nämlich.

„Aber ich bin nicht nur krank, ich bin ja auch verrückt", flüsterte ich. „Und darum bin ich auch hierher gekommen, weil ich verrückt bin."

Doktor Winkelhoog schüttelte seinen Kopf und schaute mich an. Er schaute so lange, bis ich zurückschauen musste, mitten hinein in seine sanften, ernsten, dunklen Augen, die mich plötzlich ein bisschen an Jakobs Augen erinnerten. An Jakobs und Eikes Augen.

„Du bist nicht hierher gekommen, weil du verrückt bist", sagte Doktor Winkelhoog schließlich in die Stille hinein. „Du bist hierher gekommen, weil du versucht hast, dir das Leben zu nehmen."

Ich schwieg. Es war merkwürdig zu hören, was Doktor Winkelhoog eben gesagt hatte. Es klang so normal, so sachlich, so, als wenn er von einem Schnupfen sprach.

„Warum wolltest du denn überhaupt sterben, Nora?", fuhr er gleich darauf fort. Es war mitten in der Nacht, und draußen war der Himmel schwarz wie die schwarzen Kohlestifte, mit denen ich früher manchmal gemalt hatte.

„Ich weiß nicht ...", murmelte ich.

„Ich glaube schon, dass du das weißt", sagte Doktor Winkelhoog.

„Aber ich will nicht daran denken", sagte ich schnell und spürte, wie ein Anflug des alten Zitterns mich überkam. Nervös klammerte ich mich an meine Bettdecke.

112

„Wenn ich nicht wüsste, dass das hier eine Irrenanstalt ist, würde ich am liebsten immer hier bleiben", flüsterte ich, und meine Zähne fingen an zu klappern.

„Wir sind keine Irrenanstalt, aber es ist schön, dass du gerne hier bist", sagte Doktor Winkelhoog. „Wir sind eine Jugendpsychiatrie, und das ist etwas ganz anderes. Wir verwahren hier keine Irren, sondern wir haben hier sehr liebe, wertvolle Kinder und Jugendliche, die wir für eine Weile vor der komplizierten Welt da draußen beschützen. Manche brauchen diesen Schutz nur ganz kurz, und für die ist es so, als wären sie für eine kleine Weile in einer Art Erholungsheim, wo sie sich ausruhen und neue Kraft für das Leben sammeln können. Und für die, die ein bisschen länger brauchen, um sich zu erholen und neue Kraft und neuen Mut zu schöpfen, für die sind wir so eine Art Familie. Du selber wirst entscheiden, wie du es haben willst."

Ich schwieg, und ich dachte an meinen Traum mit Frau Korintenbergs sterbender Hand.

Zögernd hob ich den Kopf und schaute den dicken, großen Arzt an meiner Seite vorsichtig an. Er schaute lächelnd zurück.

„Du hast oft große Angst", sagte er plötzlich. „Hab ich Recht?"

Ich nickte.

„Aber gerade jetzt hast du keine Angst, nicht wahr?"

Ich nickte wieder.

„Das ist schön", sagte Doktor Winkelhoog zufrieden. „Und ich freue mich, dass du hier bei uns bist. Ich habe früher nämlich auch oft Angst gehabt, früher, als ich in deinem Alter war. Ich kann dich also gut verstehen, Nora."

„Ich möchte jetzt schlafen", sagte ich leise.

„Tu das", sagte Doktor Winkelhoog und erhob sich ächzend.

Wir lächelten uns an, als mein Bett erleichtert aufquietschte.

„Übergewicht", erklärte Doktor Winkelhoog und zuckte grinsend mit den Achseln. „Es ist eben keiner perfekt."

Damit ließ er mich alleine. Ich warf noch einen letzten nachdenklichen Blick auf die Gitter vor meinem Fenster. Da draußen war die Welt.

Wie gut, dass ich hier drin sein konnte.

In Sicherheit.

Am Morgen klopfte es an meiner Tür. Ich war schon eine Weile wach, obwohl es noch sehr früh war. Ich stand vor meinem kleinen, vergitterten Fenster und schaute stumm nach draußen. Noch immer konnte ich mich nicht dazu überwinden, auf dieses neue, häufige Türanklopfen zu antworten. Zu Hause hatte nie jemand an meine Tür geklopft.

„Guten Morgen, Nora", sagte gleich darauf eine Stimme, die ich nicht kannte. Ich drehte mich langsam um.

„Ich bin Rike", sagte die sommersprossige Frau, die in der Tür stand. Sie hatte schnittlauchglatte, braune Haare, die in einem langen Pferdeschwanz zusammengebunden waren. Außerdem trug sie eine verwaschene Jeans, die an einem Knie schon einen kleinen Riss hatte, und ein enges, langärmeliges T-Shirt. An den Füßen hatte sie rote Turnschuhe.

„Hallo ...", antwortete ich zögernd und ging schnell zurück in mein Bett.

Rike schloss die Tür und kam auf mich zu. Lächelnd streckte sie mir ihre Hand hin, und sogar auf ihrem Handrücken und ihren Fingern waren Sommersprossen. Wir gaben uns die Hand, und Rike sagte nichts weiter, sondern lächelte nur vergnügt. Ich runzelte die Stirn. Hier lächel-

ten anscheinend immerzu alle. Doktor Winkelhoog lächelte, Doktor Bergmann lächelte und die Krankenschwestern
lächelten. Waren sie wirklich alle so gut gelaunt, die ganze
Zeit?

„Puh, du hast ja ganz schön kalte Finger", sagte Rike und
setzte sich auf meinen Bettrand.

„Hm", machte ich und starrte zur Zimmerdecke.

„Ich bin übrigens gekommen, um dich zum Frühstück
abzuholen", sagte Rike plötzlich sehr fröhlich.

Ich zuckte zusammen und klammerte mich an meine
Bettdecke. „Ich möchte lieber hier frühstücken, wie bisher", sagte ich leise.

„Ist das nicht langweilig auf die Dauer?", erkundigte sich
Rike.

Ich schüttelte stumm den Kopf und dachte an die vielen
Stimmen, die ich jetzt schon so oft vor meinem Zimmer
auf dem Gang gehört hatte. Es schien eine Menge andere
Patienten hier zu geben, und ich wollte doch niemanden
sehen. Nicht mal meine Eltern – niemanden.

„Okay, dann werde ich dir dein Frühstück noch einmal
hierher bringen", sagte Rike freundlich. „Obwohl die anderen sich bestimmt freuen würden, dich endlich kennen
zu lernen."

Ich saß schweigend in meinem Bett, die Arme auf den
Knien und mein Kinn auf meinen Armen und spürte, wie
ich immer nervöser und gereizter wurde.

Gleich darauf bekam ich mein Frühstück, das wieder nur
aus weichen Sachen bestand, weil ich es immer noch nicht
ertrug, etwas Festes zu zerkauen.

„Rührei, Toast und ein Kirschjogurt", sagte Rike und
stellte das Tablett auf meinen Nachttisch. Ich rührte mich
nicht.

„Übrigens bin ich die Sozialarbeiterin dieser Station",

fuhr Rike fort und zog sich den Besucherstuhl aus seiner Ecke hinter dem Waschbecken. „Wir können eine Menge Spaß haben, wenn du willst. Es gibt hier eine Holzwerkstatt und einen Musikraum. Außerdem haben wir ein Malatelier und eine kleine Töpferei."

Wieder lächelte Rike mir zu. „Und im Keller ist sogar ein ganz passables Schwimmbad. Schwimmst du gerne?"

Ich schüttelte den Kopf.

„Was machst du gerne?", fragte Rike.

Ich biss mir auf die Lippen. „Ich weiß nicht", murmelte ich matt und musste plötzlich an Verena denken, mit der ich früher manchmal im Schwimmbad gewesen war. Was Verena wohl gerade tat? – Natürlich ist sie in der Schule, schoss es mir durch den Kopf. Sie war schließlich gesund und führte ein ganz normales Leben. Sie saß um diese Uhrzeit nicht im Schlafanzug in einem vergitterten, engen Zimmer in der Jugendpsychiatrie herum und war so überflüssig wie ein welkes, zerknautschtes Stück Nichts.

„Ich möchte mich anziehen", sagte ich plötzlich, und meine Stimme klang böse.

„Das ist eine gute Idee", erwiderte Rike sofort. „Willst du erst noch frühstücken?"

Ich zuckte mit den Achseln und starrte für einen Moment düster auf das vergitterte Fenster, hinter dem von meinem Bett aus nur ein Stück heller Himmel zu sehen war. Aber dann trat ich mit einem so festen Ruck die Bettdecke zur Seite, dass sie aus dem Bett rutschte. Wild sprang ich aus dem Bett und öffnete den hellbraunen Holzschrank. Ich zuckte zusammen, als ich meine Anziehsachen darin entdeckte. Die mussten meine Eltern hergebracht haben, irgendwann, als ich es gar nicht mitbekommen hatte ...

Ganz unten im Schrank stand meine grüne Reisetasche.

Und auf der Tasche lagen „Mama-Ha" und „Papa-Ha", meine beiden winzigen, verstrubbelten Stoffhasen, die ich geschenkt bekommen hatte, als ich in den Kindergarten gekommen war. Jahrelang war ich mit ihnen eingeschlafen, in der linken Hand Mama-Ha und in der rechten Hand Papa-Ha. Irgendwann hatte ich die beiden vergessen, und irgendwann waren sie verschwunden, und ich hatte nie wieder an sie gedacht.

Aber jetzt waren sie wieder da. Meine Mutter musste sie mir eingepackt haben. Warum sie das wohl getan hatte? Verwirrt griff ich mir eine Jeans, einen Pulli, ein paar Socken und frische Unterwäsche aus dem Schrank und ging langsam ins Bad.

Rike saß immer noch auf dem Besucherstuhl. Ich zwängte mich an ihr vorüber, ohne sie anzuschauen.

Dafür schaute ich gleich darauf mich selbst an, zum ersten Mal seitdem ich hier angekommen war. Denn bisher war ich nur ein paar Mal an dem kleinen Waschbecken in meinem Zimmer gewesen, noch nie hatte ich das große Waschbecken im Badezimmer benutzt. Und nur dort hing ein Spiegel, und vor diesem Spiegel stand ich jetzt. Entsetzt schaute ich mich an.

Wie sah ich nur aus? Ich erkannte mich kaum wieder. Ich war dünn, noch viel dünner als sonst, mein Gesicht war geradezu gespenstisch bleich, und meine Lippen waren rau und an manchen Stellen aufgesprungen. Am Kinn hatte ich eine verkrustete Wunde, die ich mir nicht erklären konnte, und meine Haare waren stumpf und zerzaust und standen wirr um mein elendes, dünnes Gesicht herum.

Aber am schlimmsten waren meine Augen und die tiefen, bräunlichen Schatten unter ihnen.

Ich fing an zu zittern. Ich sah ja grauenvoll aus. Noch nie

hatte ich so ausgesehen. Aber ich hatte einmal einen Film über eine krebskranke Frau im Fernsehen gesehen, und diese Frau hatte ähnlich mager und ähnlich bleich und ähnlich krank ausgesehen, wie ich es tat. Was war mit mir passiert? Das konnte doch nicht nur davon kommen, dass ich ein paar Tage im Bett verbracht hatte?

„Was ist mit mir?", flüsterte ich verzweifelt, und da war sie wieder, meine Angst. Ich bekam immer weniger Luft, ich konnte kaum noch atmen. Mein Herz begann zu rasen, und ich klammerte mich voller Panik am Waschbeckenrand fest, um nicht zu stürzen. Mein Spiegelbild verschwamm, und im nächsten Moment schon spürte ich keine Zeit mehr, keinen Ort, kein bisschen Leben in mir. Ich war krank, krank, krank, ganz sicher war ich schwer krank, ich sah ja so schrecklich krank aus, und ich fühlte mich auch schrecklich krank.

Wieder einmal war alles zu Ende.

Erst als ich aufwachte, begriff ich, dass etwas geschehen sein musste. Ich war nicht mehr im Badezimmer, und Rike war auch nicht mehr da. Sogar der Tag war nicht mehr da, denn in meinem Zimmer war es dunkel. Dunkel und still und friedlich. Meine Panik war für den Moment verflogen.

Ich lag ganz reglos da und versuchte zu begreifen, was geschehen war. Ich schaute in die Nacht um mich herum, und nach und nach gewöhnten sich meine Augen an die Dunkelheit. Plötzlich zuckte ich zusammen. Saß da nicht jemand neben mir?

„Es ist alles in Ordnung, Nora", sagte Doktor Winkelhoogs freundliche Stimme im nächsten Moment. „Ich bin es nur. Ich wollte bei dir sein, wenn du wach wirst."

Ich tastete nach meinem Nachttischlicht und knipste den Schalter an.

„Na, geht es wieder?", erkundigte sich Doktor Winkelhoog.

Ich zuckte mit den Achseln. „Ich weiß nicht", sagte ich leise und erinnerte mich an mein Spiegelbild im Badezimmer.

„Du hattest wieder große Angst, nicht wahr?"

Ich nickte.

„Warum hattest du Angst?"

„Ich weiß nicht ...", flüsterte ich.

„Dieselbe Antwort hast du mir schon einmal gegeben", erinnerte sich Doktor Winkelhoog. „Auf dieselbe Frage."

Er schaute mich an, und diesmal lächelte er nicht. Ich war erleichtert darüber. Ernst und sanft schaute er mich an. „Und dann hast du hinzugefügt, dass du schon weißt, wovor du dich fürchtest, aber dass du nicht daran denken willst. Erinnerst du dich?"

Ich nickte.

„Aber ich glaube, ich weiß inzwischen, wovor du solche Angst hast", sagte Doktor Winkelhoog. „Möchtest du, dass ich es für dich ausspreche?"

Ich merkte, dass ich fror und gleichzeitig schwitzte. Ganz langsam und vorsichtig gestattete ich mir ein weiteres, kleines Nicken.

„Du hast Angst zu sterben, Nora. Du hast Angst davor, krank zu sein und an dieser Krankheit zu sterben, nicht wahr?"

Da fing ich wieder an zu weinen, und dabei wollte ich doch nicht weinen. Ich biss fest die Zähne zusammen und schloss die Augen, und eine Antwort gab ich auch nicht. Aber es kamen trotzdem Tränen, langsam und stetig. Und dann begann ich plötzlich zu erzählen, von Lea, von meinem toten Onkel und von meiner kranken Klassenlehrerin, von meiner Tante Fiona in Amerika, von Ticktack und von meiner Großmutter, die mich einfach eines Tages nicht mehr erkannt hatte, ganz plötzlich war das passiert, und der Grund war eine Blutung in ihrem Gehirn gewesen, an der sie schließlich auch starb. Und dann erzählte ich von meiner anderen Großmutter, die auf Mallorca gestorben war.

„Und da wunderst du dich, dass du Angst vor dem Tod hast?", fragte Doktor Winkelhoog schließlich. Ganz ruhig und sachlich fragte er das, und wieder hatte ich das Gefühl, er rede von etwas ganz und gar Harmlosem wie einem Schnupfen.

Ich nahm mein Kissen und presste es gegen mein nasses Gesicht. Eine Antwort gab ich nicht.

„Ich meine, es ist ganz normal, dass jemand Angst vor dem Tod bekommt, wenn er ihm schon so oft begegnet ist", fuhr Doktor Winkelhoog fort.

„Aber ich bin mir sicher, dass ich richtig krank bin", sagte ich verzweifelt in mein Kissen hinein. „Ich spüre es. Ich fühle mich dauernd krank."

„Und doch bist du bisher nicht gestorben", sagte Doktor Winkelhoog.

„Aber wenn man jung Krebs bekommt, stirbt man schnell", sagte ich leise, „Ich habe früher viele Bücher gelesen, in denen Kinder auf diese Weise gestorben sind."

„Du bist aber nicht krebskrank", antwortete Doktor Winkelhoog und sah mich lange an.

„Warum vertraust du deinem Körper nicht ein bisschen mehr?", fragte er schließlich.

Fast widerwillig ließ ich das Kissen, das an meinem Gesicht ganz warm geworden war, sinken.

„Weil ich meinen Körper hasse", antwortete ich sehr leise. „Weil er mich quält. Weil er sich immerzu so krank und unheimlich anfühlt."

„Und doch hat er dich sogar am Leben gehalten, als du ihn mit einer großen Menge starker Tabletten töten wolltest. Er war stark genug, dich sogar aus dieser wirklichen Gefahr zu retten."

Doktor Winkelhoog schaute mich fest an, und ich konnte nicht anders, als zurückzuschauen.

„Nora, die Tabletten, die du genommen hast, um dein Leben zu beenden, waren stark genug, damit dieser Plan hätte aufgehen können. Aber eben weil dein Körper so gesund und widerstandsfähig ist, hat er es geschafft, diese Beinahekatastrophe zu überleben."

Ich saß ganz still da und erinnerte mich plötzlich an den Moment, als ich so viele Tabletten im Mund gehabt und auf ihnen herumgekaut hatte.

„Ich wünschte, ich könnte das glauben", sagte ich nach einer halben Ewigkeit leise. „Ich meine, ich wünschte, ich könnte mir sicher sein, dass ich nicht doch krank bin, irgendwo in mir drin."

„Wir werden es zusammen herausfinden", versprach Doktor Winkelhoog, und jetzt lächelte er wieder.

Dann ließ er mir ein spätes Abendbrot bringen, und zum ersten Mal, seit ich auf dieser Station war, hatte ich richtig Hunger.

12

Am anderen Morgen kam Rike wieder.

„Hallo, Nora", sagte sie und lächelte mich an.

„Hallo", antwortete ich leise und hoffte, sie würde den gestrigen Morgen nicht erwähnen.

Sie tat es nicht.

„Na, wie geht es dir heute?", fragte sie stattdessen.

„Es geht", murmelte ich.

„Möchtest du vielleicht duschen und dich dann anziehen?", erkundigte sich Rike und wies auf mein kleines Badezimmer. Ich hatte bisher noch nicht einmal wahrgenommen, dass ich in diesem Zimmer eine eigene Dusche hatte.

Zögernd nickte ich. Musste ich mich vor Rike ausziehen, wenn ich duschen wollte?

„Okay, dann begib dich mal ins gemütliche Nass", sagte die sommersprossige Sozialarbeiterin. „Ich hole dir in der Zwischenzeit rasch Shampoo und Haarbalsam."

„Haarbalsam?", wiederholte ich und schob mich vorsichtig an Rike vorbei ins Badezimmer.

Rike nickte. „Damit sich deine zerzausten Haare wieder durchbürsten lassen", erklärte sie freundlich und war im nächsten Augenblick bereits zur Tür hinaus.

Als ich mich dem Waschbecken und dem Spiegel darüber näherte, spürte ich einen Anflug von Panik in mir aufsteigen. Schnell drehte ich mich zur Seite und starrte konzentriert gegen die hellgelb gekachelte Wand, während ich aus meinem Schlafanzug schlüpfte. Dann stieg ich zitternd in die Dusche und drehte vorsichtig den Hahn auf. Ich war schrecklich nervös, und es fiel mir schwer, die richtige Wassertemperatur einzustellen.

Mein ganzer Körper war abgemagert, und ich hatte eine Menge blauer Flecken überall. Um so wenig wie möglich von mir sehen zu müssen, verschränkte ich meine Arme vor meiner Brust und setzte mich, als das Wasser endlich richtig warm war, im Schneidersitz auf die kleine, quadratische Duschmatte und schloss die Augen. Das warme Wasser prasselte mir auf den Kopf herunter. So saß ich, bis Rike ihren Kopf zur Badezimmertür hereinstreckte. Sie reichte mir eine große Flasche Shampoo und eine kleine Tube Haarbalsam.

„Möchtest du, dass ich dir helfe?", fragte sie.

Ich schüttelte den Kopf und ließ mir türkises Shampoo in die Hand tröpfeln. Ich schäumte mir die verfilzten Haare und spülte sie anschließend gründlich aus. Danach ließ ich mich noch eine halbe Ewigkeit mit dem warmen Wasser berieseln. Schön fühlte sich das an.

Rike war wieder aus dem Bad gegangen, aber als ich schließlich den Wasserhahn zudrehte, hörte ich, dass sie noch in meinem Zimmer war.

Eilig rubbelte ich mich trocken und schlüpfte in die Sachen, die ich gestern aus dem Schrank genommen hatte und die immer noch hier lagen. Irgendjemand hatte sie von der Erde aufgehoben und ordentlich auf einen kleinen Hocker gelegt.

„Nora, soll ich dir mit deinen Haaren helfen?", rief Rike durch die angelehnte Badezimmertür. „Ich habe auch einen Föhn und eine Bürste mitgebracht."

„Okay", sagte ich leise und schob die Tür auf, und Rike kam herein. Sie steckte den Föhn in eine gesicherte Steckdose.

Ich war mir sicher, dass Rike bemerkt hatte, dass ich den Spiegel vermied, und es war mir peinlich, aber sie sagte nichts dazu, sondern bot mir an, mir den Haarbalsam in den Haaren zu verteilen.

„Okay", stimmte ich erneut zu und ließ mir Rikes Hände auf meinen nassen Haaren gefallen. Innerlich zitterte ich ein wenig, aber dann war es sogar ganz angenehm. Rikes Hände massierten vorsichtig meinen Kopf, und es fühlte sich fast ein bisschen wie Streicheln an. Ich musste plötzlich an Jakob denken. Ob er wohl auch manchmal an mich dachte? Oder ob es ihm peinlich war, was mit mir passiert war? Ob er es bereute, dass er sich fast in eine – ich hielt für einen Moment in meinen Gedanken inne, aber ich konnte sie nicht aufhalten – ob Jakob es wohl bereute, dass er sich beinahe in eine Verrückte verliebt hatte?

Ich schloss bedrückt meine Augen, während Rike den Föhn einschaltete und meinen Haaren vorsichtig mit einer Bürste zu Leibe rückte.

„Jetzt ziept es vielleicht etwas", sagte Rike entschuldigend. Sie arbeitete schweigend, Haarsträhne für Haarsträhne, und natürlich ziepte es, aber es war nicht unangenehm. Alle Schmerzen, deren Ursprung ich kannte und von denen ich wusste, dass sie ungefährlich waren, konnte ich gut aushalten. Auch vor dem Zahnarzt hatte ich noch nie Angst gehabt.

„Geht es?", erkundigte sich Rike.

Ich nickte.

Irgendwann war sie fertig.

„Schöne Haare hast du", sagte sie und legte die Bürste zur Seite. „Überhaupt bist du hübsch", fügte sie gleich darauf hinzu. Ich schaute sie stumm an.

„Nur ein bisschen blass", sagte Rike. „Und ein bisschen traurig um die Augen herum."

Ich schwieg und seufzte. Ich fühlte mich schon wieder müde und sehnte mich nach meinem Bett. Dabei stand ich jetzt angezogen hier und hatte Angst vor dem, was kommen würde.

„Möchtest du dich jetzt nicht doch einmal anschauen, Nora?", fragte Rike und streichelte für einen Moment meine Schulter.

Ich schüttelte den Kopf und verließ dann eilig das kleine Bad.

„Aber zum Frühstück kommst du heute mit, oder?", fuhr Rike fort.

Ich ging zu meinem vergitterten Fenster und sah hinaus. Die Sonne schien. Am Himmel sausten Vögel herum. Ich heftete nervös meinen Blick auf sie und folgte ihren wilden Flügen mit den Augen. Fast schwindelig wurde mir dabei. Zum ersten Mal, seit ich hier war, stand ich angezogen am Fenster.

„Nora, ich fände es schön, wenn du jetzt mit mir in den Gemeinschaftsraum zum Frühstück kommen würdest", wiederholte Rike und stellte sich neben mich ans Fenster.

„Ich weiß nicht", flüsterte ich und hielt mich am Fensterbrett fest.

„Und danach kannst du dich hier wieder eine kleine Weile ausruhen", sagte Rike und streichelte meinen Rücken. „Später hast du dann noch deinen ersten Termin bei Doktor Winkelhoog."

In diesem Moment flog meine rosa Zimmertür auf. Ich zuckte zusammen.

„Kommt die Kuh hier eigentlich nie mal raus?", schrie eine schrille Stimme, und ein schwarzhaariger Junge stürmte zu uns herein.

Ich starrte ihn erschrocken an.

„Jonathan, was soll denn das?", sagte Rike streng. „Du weißt doch, dass du nicht einfach in die Zimmer der anderen gehen darfst."

Der Junge stand keinen Moment still, sondern raste mit großen Schritten in meinem kleinen Zimmer herum. Und gleich darauf kam schon wieder jemand herein. Es war ein großer Mann mit zentimeterkurzen, blond gefärbten Haaren. Er lächelte uns entschuldigend zu.

„Sorry", sagte er und schnappte sich den schimpfenden Jungen. „Los, Jonathan, dein Frühstück wartet."

„Das war Ludwig, unser Zivildienstleistender", erklärte Rike fröhlich, als die Tür hinter den beiden wieder zugefallen war. „Und der Kleine ist Johnny, er wohnt schon eine Weile bei uns."

125

„Warum ist er hier?", fragte ich und hob mechanisch meine Bettdecke und mein Kopfkissen auf, die Johnny auf den Boden geschmissen hatte. Rike sammelte ebenfalls ein paar Kleinigkeiten auf, die der Junge von meinem Nachttisch geschleudert hatte.

„Tja, er hat oft so schreckliche Wut, und dann schlägt er um sich wie ein Wilder und macht alles kaputt, was er irgendwie kleinkriegt."

Ich nickte nachdenklich. „Was haben die anderen, die hier sind?", fragte ich vorsichtig.

Mein Zimmer war jetzt wieder ordentlich. Wirklich kaputt hatte Jonathan nichts bekommen. Wahrscheinlich lag das daran, dass es hier gar nichts gab, was kaputtgehen konnte.

Wir gingen zur Tür.

„Also, Anuschka und Helena sind hier, weil sie Probleme mit dem Essen haben", sagte Rike. „Du wirst sie gleich kennen lernen. Jonathan hast du ja schon gesehen. Er kann um sich schlagen wie ein Wilder, aber manchmal spricht er auch tagelang kein Wort und rührt sich kaum vom Fleck."

Wir liefen durch einen hellen, sonnigen Flur. An den Wänden hingen gerahmte Bilder, Kinderzeichnungen und Aquarelle und Bilder, die mit Kohlestiften gemalt waren.

„Malte ist hier, weil er sich vor Schmutz fürchtet, er wäscht sich oft und wäre am liebsten den ganzen Tag im Badezimmer."

Ich nickte und fühlte mich merkwürdig. Krank und nicht krank, verrückt und nicht verrückt, alleine und nicht alleine. Ich hatte Herzklopfen.

„Sina ist sehr traurig, obwohl sie selber nicht genau weiß, warum sie traurig ist. Sie weint viel und weiß vor Kummer oft nicht ein noch aus. Und dann gibt es noch unsere beiden Kriegskinder, Ivana und Aisha. Ivana kommt aus dem Kosovo und hat Schlimmes durchgemacht. Und Aisha ist Kurdin. Sie hat miterlebt, wie ihr Heimatdorf zerstört und ihr Vater getötet wurde."

Rike blieb plötzlich stehen. „Wir sind da", sagte sie und lächelte mir aufmunternd zu.

„Die Neue, das ist die Neue!", schrie Jonathan im nächsten Moment triumphierend und kletterte auf seinen Stuhl.

Ich stand stumm in dem bunten Raum, in dessen Mitte ein großer Esstisch stand. Eine Menge Menschen saßen bereits dort. Alle schauten mich an.

Ludwig, der Zivildienstleistende, zog Jonathan energisch vom Stuhl. „Runter da, du Schreihals", sagte er dabei freundlich, aber obwohl er lächelte, konnte ich sehen, wie mühsam es war, Jonathan zu bändigen.

„Lass mich los, du Arsch, nimm gefälligst deine Scheißfinger von mir weg!", schimpfte der Junge und schlug gegen seinen Kakaobecher.

Es saßen noch zwei andere Erwachsene am Tisch, und beide lächelten mir begrüßend zu.

Die eine war eine sehr dicke Frau, deren Augen man kaum erkennen konnte, weil sie zwischen einer dicken Hängestirn und zwei Plusterbacken fast völlig verschwanden, und die andere Frau war noch sehr jung.

„Hallo, Nora", sagte die plusterbackige Frau und drückte Jonathan einen nassen Lappen in die Hand, damit er den Kakaosee neben seinem Frühstücksteller aufwischen konnte. Jonathan wehrte sich, aber die dicke Frau umklammerte einfach seelenruhig seine dünne Hand mit ihrer dicken Hand, und dann wischten sie zusammen die Pfütze auf.

„Hallo ...", sagte ich leise und setzte mich schnell neben Rike auf einen leeren Stuhl, vor dem ein Gedeck stand.

„Ich bin Gesa", sagte die dicke Frau. „Ich bin eine der Betreuerinnen dieser Station."

„Quatsch, du bist keine Betreuerin, du bist eine saublöde Kuh!", schrie Jonathan mit seiner schrillen Stimme, und da brachte Ludwig ihn hinaus.

„Und ich bin Ulli", sagte die andere Frau und schob mir eine Tasse Tee zu. „Ich bin Jahrespraktikantin."

Ich nickte und schaute mich verstohlen um. Auch hier hingen überall Bilder an den Wänden, aber diese waren nicht selbst gemalt, sondern es waren Plakate und Poster. Auf einem erkannte ich Britney Spears und auf einem anderen Madonna, und Leonardo di Caprio hing ebenfalls an einer Wand, und es gab sogar ein Poster, auf dem das Computer-Moorhuhn hockte und ängstlich vor sich hin starrte.

Mir gegenüber saß ein sehr dünnes Mädchen mit großen, sehr offenen Augen. Noch niemals hatte ich einen so dünnen Menschen gesehen, höchstens auf Hungersnot-Bildern aus Afrika. Ihre Arme waren spindeldürr, und ihre Finger waren knochig, und ihr Hals war merkwürdig faltig und ihr Gesicht dreieckig und eingefallen.

Trotzdem lächelte sie mir zu, als sie bemerkte, dass ich sie anschaute.

„Hallo, ich bin Anuschka", sagte sie mit gedämpfter Stimme und hörte wieder auf zu lächeln. Ich atmete unwillkürlich auf, denn wenn sie lächelte, verzerrte sich ihr dünnes Gesicht und wurde genauso runzelig wie ihr Hals.

Ich nahm mir schnell ein Brot aus dem Brotkorb. Gesa schob mir die Butterschale zu, und ein hübsches, schwarzhaariges Mädchen reichte mir einen Teller, auf dem Käse- und Wurstscheiben lagen.

„Danke", sagte ich.

„Bitte", sagte das Mädchen. „Ich bin Aisha", fügte sie gleich darauf hinzu und beschmierte sich ihr Brot sehr dick mit Schokocreme. Sie schien ein bisschen jünger zu sein als ich.

„Ich bin Kurdin und komme aus der Türkei. Unser Dorf ist verschwunden, nichts ist mehr übrig, dabei bin ich dort geboren und meine Mutter und mein Vater auch. Aber jetzt ist mein Vater tot, er wurde von einer Bombe getroffen und zerrissen. Ich war dabei, weißt du ...“

Aisha lächelte strahlend. „Es war furchtbar, und ich habe immerzu Albträume seitdem. Auch wenn ich jetzt lache, ich bin eigentlich traurig. Aber ich kann vor anderen nicht weinen, und darum lache ich. Doch in mir drin fühlt es sich wie Weinen an. Mein Vater ist ...“

Sie biss von ihrem Brot ab, und dann redete sie einfach nicht mehr weiter.

Mein Magen war plötzlich wie zugeschnürt. Mühsam knabberte ich an meinem Käsebrot herum, ohne jemanden anzuschauen. Der Rest des Frühstücks verlief zum Glück ruhig. Links von mir saß Rike und rechts von mir ein hübscher Junge, etwa so alt wie ich, der kein Wort von sich gab und sich sehr leise und vorsichtig bewegte. Da es auf der ganzen Station nur zwei Jungen gab, nahm ich an, dass es Malte war. Wie hübsch und normal er aussah. Er hatte lange, gepflegte Finger und eine schöne Hautfarbe und weiche, blonde Haare.

Nach dem Frühstück ging ich schnell zurück in mein Zimmer. Anuschka begleitete mich schweigend bis zu meiner rosa Tür. „Ich habe tatsächlich ein halbes Jogurt geschafft“, sagte sie plötzlich, und sie schaute mich dabei an, als erwarte sie eine Antwort. Ich schaute nervös zurück, weil ich nicht wusste, was ich sagen sollte.

„Ich lege mich ein bisschen hin“, sagte ich schließlich lahm.

Anuschka nickte. „Helena hat weniger gefrühstückt als

ich", sagte sie und strich sich die Haare aus der Stirn. Plötzlich konnte ich mir vorstellen, wie sie früher ausgesehen haben könnte: blond und mit einer kleinen Stupsnase und einem energischen Kinn und schönen, grünblauen Augen.

Ich lächelte ihr zu.

„Du hast Tabletten geschluckt, nicht wahr?", sagte Anuschka in diesem Moment. „Sie haben dir in der Notaufnahme den Magen ausgepumpt."

Ich zuckte zusammen und spürte, wie meine Finger zu zittern anfingen.

„Warum hast du das gemacht?", erkundigte sich Anuschka besorgt.

„Woher weißt du, dass ich – das getan habe?", fragte ich leise.

Anuschka zuckte mit den Achseln. „Keine Ahnung", sagte sie schließlich nachdenklich. „Ich weiß es eben. Man weiß hier immer alles. Alle wissen alles, so ist das halt. Aber es ist nicht schlimm. Alle sind in Ordnung hier."

Ich runzelte die Stirn. „Ich bin müde. Ich will mich ausruhen", sagte ich hastig, und dann machte ich Anuschka einfach die Tür vor der Nase zu.

Ich hörte, wie sie langsam wegging.

Erschöpft legte ich mich auf mein Bett. Eigentlich hätte ich mich gerne ausgezogen und wäre in meinen Pyjama geschlüpft, aber ich war mir nicht sicher, ob das in Ordnung war, wenn man erst einmal angezogen war.

Aber weil ich fror, zog ich wenigstens meine Bettdecke über mich. In meinem Kopf wirbelten tausend wirre Gedanken herum. Ich dachte an das, was Aisha erzählt hatte und an Anuschkas Jogurt und an Helena, die beim Essen gestöhnt hatte. Ich kam mir plötzlich sehr gesund vor, gesund und normal.

Ich wollte nach Hause gehen, ja, das wollte ich.

Irgendwann döste ich ein.

Und im Traum saß ich an Frau Korintenbergs Bett.

„Jetzt sterbe ich", sagte Frau Korintenberg entschlossen.

„Nein, bitte nicht", stammelte ich.

„Doch, ich glaube, jetzt ist ein guter Zeitpunkt zu sterben", sagte Frau Korintenberg stur und griff nach meiner Hand. „Ich habe dich gerne, Nora", sagte sie, und dann starb sie.

Und wieder hielt ich ihre gestorbene Hand in meiner Hand.

„Nein!", schrie ich. „Ich will das nicht! Warum stirbt sie immer, wenn ich bei ihr bin?"

Mit einem Ruck wachte ich auf. Ich war schweißgebadet und zitterte von Kopf bis Fuß. Ich traute mich nicht aus dem Bett, ich saß einfach so da und klammerte mich an meine Bettdecke, wie ich es schon so oft getan hatte.

Irgendwann klopfte es an meiner Tür, und Rike schaute zu mir herein.

„Nora, was ist passiert?", fragte sie. „Hast du geschlafen?"

Ich nickte.

„Und jetzt geht es dir nicht gut, habe ich Recht?"

Ich nickte wieder.

„Du hast jetzt deinen Termin bei Doktor Winkelhoog. Möchtest du dich vielleicht noch rasch umziehen?"

Ich schüttelte den Kopf und stieg mühsam aus meinem Bett. Ich hatte mich so verkrampft, während ich reglos in meine Decke eingehüllt dagesessen hatte, dass mir die Muskeln in meinen Beinen wehtaten. Und mein Rücken tat mir ebenfalls weh.

„Na, dann los", sagte Rike aufmunternd.

Schweigend lief ich neben ihr her. Unterwegs begegnete uns Ludwig, der uns zulächelte. An Ludwigs Hand ging

Jonathan, der uns ebenfalls zulächelte. Ich registrierte es verwundert.

„Wir gehen jetzt ins Schwimmbad runter, Ludwig und ich", rief Jonathan, als wir schon ein paar Schritte an den beiden vorüber waren. „Und du nicht, Nora. Pech gehabt, sage ich da nur ..."

Schließlich standen wir vor einer Tür.

„Moment, Nora, ich muss aufschließen", sagte Rike und zog einen Schlüsselbund aus der Jeanshosentasche.

„Sind wir hier eingeschlossen?", erkundigte ich mich leise.

„Manchmal", antwortete Rike und schloss die Tür auf. „Meistens ist diese Tür offen, aber wenn Sina hier ist ..."

Wir gingen durch die Tür, und Rike verschloss sie wieder sorgfältig hinter uns. „Sina ist manchmal so unglücklich, dass sie Dinge tut, die sie eigentlich gar nicht tun will. Und wenn diese Tür dann offen ist, läuft Sina davon, und es ist schon einmal vorgekommen, dass sie sich draußen verlaufen hat und stundenlang herumirrte und ganz und gar verzweifelt war."

Dann waren wir da.

Doktor Friedemann Winkelhoog stand an der Tür. *Bitte anklopfen.*

13

Rike klopfte an die Tür.

„Ja, bitte?", hörte ich Doktor Winkelhoogs Stimme, und wir gingen hinein.

„Ah, guten Morgen, Nora", sagte der Arzt, als er mich sah. Er machte ein Gesicht, als wäre er wirklich erfreut, mich zu sehen.

„Guten Morgen", antwortete ich leise und sehnte mich nach einem Stuhl zum Hinsetzen. Mir war wieder einmal schwindelig, und meine Beine fühlten sich wackelig an. Ich schaute mich verstohlen in Doktor Winkelhoogs Büro um. Es war ein großer Raum, und an allen Wänden waren Regale mit Büchern. Auf einer Kommode neben einer zweiten Tür stand ein sehr großes Aquarium, das grünliches Licht verbreitete.

„Ich hole dich in einer Stunde wieder ab, Nora", sagte Rike in diesem Moment und winkte mir einen Abschiedsgruß zu.

Vor dem hohen Fenster bildeten drei Korbsessel einen kleinen Kreis, und in der Mitte des Sesselkreises stand ein kleiner Korbtisch. Der Schreibtisch an der hinteren Wand war riesig; ein Wust von Papieren stapelte sich darauf.

„Wollen wir uns setzen?", fragte Doktor Winkelhoog.

Ich nickte erleichtert und ging schnell zu einem der Sessel. Ich hatte das Gefühl zu schwanken, während ich lief.

Doktor Winkelhoog setzte sich mir gegenüber. Auf seinen Knien hatte er einen Block liegen, und auf dem freien Sessel zwischen uns lag eine Karteikarte, auf der in roter Schrift mein Name und mein Geburtsdatum eingetragen waren. Ich sah es sofort, obwohl ich die Daten auf dem Kopf entziffern musste.

„Ich freue mich, dass du heute Morgen hier bist", sagte Doktor Winkelhoog und lächelte mich an. Obwohl ich Herzklopfen hatte und dieses blöde Schwindelgefühl in meinem Kopf einfach nicht verschwinden wollte, kam ich plötzlich darauf, dass Doktor Winkelhoog eine Figur wie eine Boje hatte. Oben herum, an Kopf, Hals und Schultern, war er nämlich gar nicht dick und unterhalb der Oberschenkel auch nicht, nur dazwischen war er kugelrund, eben wie eine kugelige Boje im Meer.

133

„Du gehst aufs Käthe-Kollwitz-Gymnasium, nicht wahr?", fragte Doktor Winkelhoog in diesem Moment.

Ich nickte.

„Gefällt es dir dort?"

Ich nickte wieder.

„Schön", sagte Doktor Winkelhoog.

Das Wasser im Aquarium gluckste leise. Ich fing an zu schwitzen. Was sollte ich nur sagen? Mein Kopf war plötzlich ganz leer, dabei hatte ich doch schon zweimal mit Doktor Winkelhoog gesprochen. Aber jetzt – hier in seinem Büro – kam es mir anders vor, offizieller.

Ich schaute nervös zu den herumschwimmenden Fischen hinüber.

„Ich habe gehört, du hast heute zum ersten Mal mit den anderen gefrühstückt", sagte Doktor Winkelhoog.

„Ja", antwortete ich.

„Und, hat es dir gefallen?"

Ich zuckte mit den Achseln und schwieg.

„Wie steht es denn mit deiner Angst? Ist sie auszuhalten?"

Ich schluckte. „Ich hatte vorhin einen schlimmen Traum", sagte ich mühsam und fast gegen meinen Willen.

„Möchtest du mir davon erzählen?", fragte Doktor Winkelhoog.

Ich nickte, und dann erzählte ich Doktor Winkelhoog hastig von Frau Korintenbergs Krankheit und von meinen Träumen, in denen sie immer in meiner Gegenwart starb.

„Vielleicht ist sie ja in der Zwischenzeit tatsächlich gestorben", murmelte ich zum Schluss, und meine Stimme klang kläglich.

„Hm", machte Doktor Winkelhoog. „Möchtest du, dass ich mich in deinem Namen nach ihr erkundige? Würde dich das beruhigen?"

Ich zuckte zusammen. „Nein – ja, das heißt, erkundigen wäre gut, aber nicht in meinem Namen. Einfach nur so erkundigen, das wäre vielleicht gut ..."

Das Schwindelgefühl in meinem Kopf nahm zu, und ich klammerte mich an die Lehnen des Korbsessels, in dem ich saß.

„In Ordnung. Dann werde ich mich einfach nur so nach deiner Klassenlehrerin erkundigen", sagte Doktor Winkelhoog und machte sich eine Notiz in seinen Block.

Danach sprachen wir über meine gestorbene Schwester, und ich erzählte dem dicken Arzt alles, was ich über sie wusste. Noch nie hatte ich so lange am Stück über Lea gesprochen, und noch nie hatte ich so oft ihren Namen erwähnt. Lea. Lea. Lea.

„Vermisst du Lea eigentlich?", fragte Doktor Winkelhoog plötzlich.

Ich schüttelte den Kopf. „Natürlich nicht", sagte ich achselzuckend. „Ich kannte sie ja überhaupt nicht. Sie starb doch, bevor ich geboren wurde."

Ich stockte und biss mir auf die Lippen, und dann passierte es. Ich fing an zu weinen. Arme, tote Lea. Armes, gestorbenes Baby.

„Sie hatte ein ganz dünnes, trauriges Gesicht", flüsterte ich. „Und ihre Lippen waren blau. Sie sah gar nicht richtig wie ein Baby aus ..."

„Also hast du dir das Foto in eurer Küche doch manchmal angeschaut?", fragte Doktor Winkelhoog sanft.

Ich nickte langsam. „Ich glaube, früher habe ich es mir angeguckt, heimlich, wenn niemand in der Nähe war. Ich hatte das ganz vergessen."

In diesem Moment klopfte es, und meine erste Stunde bei Doktor Winkelhoog war vorüber.

Benommen stand ich auf.

„Bis morgen, Nora", sagte der Bojen-Arzt und gab mir die Hand.

Ich nickte und ging mit Rike zurück auf die Station.

Beim Mittagessen saß mir Anuschka wieder gegenüber. Sie starrte auf ihren Teller und aß überhaupt nichts. Neben Anuschka saß Helena. Sie war nicht ganz so dünn wie Anuschka, aber trotzdem war sie noch viel zu mager. Helena hatte ihre Gabel in der Hand und stocherte in ihrem Klecks Quark und in ihrem winzigen Häufchen Reis herum.

„Ich möchte mich vorher wiegen", murmelte Anuschka gereizt, als Ulli sie zum Essen aufforderte. „Ich spüre, dass ich zu dick bin. Ich fühle mich fett und aufgedunsen."

„Gewogen wird nur beim Arzt, das weißt du doch", sagte Ulli freundlich. „Wir haben hier ja überhaupt keine Waage."

„Dann holt die Waage aus dem Arztzimmer, bitte", sagte Anuschka, und eine einzelne, dünne Träne tropfte über ihr zerbrechlich aussehendes Gesicht.

„Puh, ich bin übrigens fertig", erklärte Helena in diesem Moment, legte ihre Gabel zur Seite und schob mit einem Ruck ihren Teller von sich.

„Nein, du bist noch nicht fertig", sagte Ludwig mit gerunzelter Stirn. „Du hast bisher nur in deinem Essen herumgerührt, aber gegessen hast du noch kein Gramm."

„Bitte, ich kann heute eben nicht ...", murmelte Helena düster.

„So geht das jeden Tag", flüsterte Aisha mir zu.

Auch Malte ging es an diesem Mittag nicht gut. Immer wieder stand er auf und wollte das Gemeinschaftszimmer verlassen.

„Ich möchte bitte nur für einen Augenblick in mein Zimmer gehen", sagte er jedes Mal und hielt dabei seine schönen Finger weit auseinander gespreizt von sich.

„Er will sich waschen", flüsterte Aisha mitleidig.

„Malte, du bleibst bitte hier, bis wir die Mahlzeit gemeinsam beendet haben", sagte Rike fest.

„Ach, Mist ...", murmelte Malte ärgerlich und setzte sich zurück auf seinen Platz. „Kann ich wenigstens einen Lappen haben?"

Ulli nickte und holte eine frische Serviette für Malte.

„Danke", knurrte Malte und wischte sorgfältig jeden einzelnen Finger an der Serviette ab. Danach legte er die Serviette mit spitzen Fingern zur Seite und aß vorsichtig weiter. Seine Gabel hatte er ebenfalls abgewischt.

Nachdem wir den Tisch abgeräumt hatten, standen wir für einen Moment nebeneinander am Fenster. Ich sah, dass Malte sorgfältig darauf achtete, weder mir noch dem voll gestellten Fensterbrett zu nahe zu kommen.

Wieder schaute ich ihn verstohlen an, er sah wirklich schön aus. Wenn man ihn fotografierte und sein Bild an eine Werbeagentur schickte, würde man sich dort garantiert um ihn reißen.

Er hatte ein gebräuntes, scharf geschnittenes Gesicht und helle, weit auseinander stehende Augen mit langen, dunklen Wimpern. Seine blonden Haare waren leicht lockig und modisch geschnitten.

„Wie alt bist du?", fragte ich ihn vorsichtig.

„Siebzehn", antwortete Malte knapp. „Nächste Woche werde ich achtzehn. Mein Vater will mich deswegen für ein paar Tage mit nach Hause nehmen." Malte verzog das Gesicht. „Ich bliebe ja lieber hier, aber mein Vater kapiert das nicht. Oder er will es nicht kapieren, was auf das Gleiche herauskommt. Jedenfalls hat er angekündigt, hier aufzukreuzen und mich abzuholen. So ein Schwachsinn."

„Du willst gar nicht heim?", fragte ich.

„Nö", sagte Malte.

„Warum nicht?", fragte ich.

„Hier drin ist es nicht ganz so dreckig wie draußen", sagte Malte achselzuckend. „Und überschaubarer ist es auch. Und ich mag meine Sitzungen beim dicken Winkelhoog."

Ich nickte und lächelte Malte zu, aber Malte lächelte nicht zurück. „Ich gehe dann jetzt mal", sagte er unruhig, und ich sah, dass er schon wieder seine Finger von sich spreizte und misstrauisch nach Schmutzspuren absuchte.

„Okay", sagte ich, und Malte ging eilig davon.

„Kommst du nachher mit in den Musikraum, Nora?", rief Aisha, die dabei war, den Esstisch sauber zu wischen.

„Ich weiß nicht", sagte ich. Gerade wurde Helena zu ihrer Einzelstunde bei Doktor Winkelhoog abgeholt. Gesa brachte sie hin.

„Bis später", murmelte Helena niedergeschlagen, als sie an der Seite der unglaublich dicken Betreuerin den Gemeinschaftsraum verließ.

„Gegen Gesa ist selbst der dicke Winkelhoog nur eine halbe Portion", sagte Aisha grinsend. „Die arme Helena. Es muss schlimm für sie sein, immerzu von Dicken umgeben zu sein, wenn man sich so vor dem Dicksein fürchtet wie sie."

„Ach was, da sieht sie wenigstens mal den wirklichen Kontrast", sagte in diesem Moment Sina, die ich bisher noch nie ein Wort hatte sagen hören. „Ich meine, wie kann sie tatsächlich glauben, dass sie selbst fett ist, wenn sie neben Gesa sitzt?"

Aisha kicherte und feuerte gleich darauf den nassen Putzlappen in die Spüle. „Das war's für diese Woche. Putzdienst ade! Ab morgen ist Anuschka zwei Tage lang für den Esstischdreck zuständig. Na, die wird sich freuen!", rief sie vergnügt. „Los, wir gehen rüber und schieben eine CD in die Anlage."

Sie stürmte davon, und Sina und Ivana verließen ebenfalls den Raum. Rike war dabei, ein Regal aufzuräumen.

„Geh ruhig mit, Nora", sagte sie.

Ich nickte unschlüssig und ging hinaus auf den Gang. Dort traf ich Ivana, die an die Wand gelehnt dastand und versunken vor sich hin schaute. Ivana musste für Malte eine Katastrophe darstellen, denn sie war das krasse Gegenteil von ihm. Sie trug alte Jogginganzüge, die immer schmutzig zu sein schienen, ihre Haare waren strähnig und ungebürstet, und an den Händen und Armen hatte sie einen verkrusteten Ausschlag, den sie sich ständig wieder aufkratzte.

Dabei hatte sie eigentlich ein hübsches Gesicht, aber sie schaute meistens mürrisch und verschlossen vor sich hin und machte nur selten den Mund auf.

Plötzlich passierte etwas in mir drin. Es passierte, als ich in Ivanas blasses Gesicht schaute. Ich war mir auf einmal sicher, dass sie sich ähnlich fühlen musste wie ich. Wie es kam, weiß ich auch nicht, aber ich sah, dass sie Angst hatte. Angst und Panik, so wie ich. Und dass sie sehr darauf bedacht schien, diese Angst zu beherrschen und im Griff zu behalten.

Ich ging langsam auf sie zu.

„Hallo", sagte ich vorsichtig. „Ich dachte, du wolltest in den Musikraum?"

Zuerst schaute Ivana mich einen Augenblick nur stumm an, dann strich sie sich eine ihrer zerzausten Haarsträhnen aus dem Gesicht. Sie schien zu überlegen, was sie sagen sollte.

„Vielleicht wollte ich auf dich warten", erwiderte sie dann nachdenklich und kratzte sich am rechten Arm. Ich schaute unwillkürlich zur Seite, denn Ivanas Wunden sahen schrecklich aus.

„Warum wolltest du dich eigentlich umbringen?", fragte sie plötzlich und kniff die Augen zusammen. Wahrscheinlich taten ihr die aufgekratzten Wunden weh.

„Ich hatte einfach genug", hörte ich mich zu meiner eigenen Verwunderung sagen, dabei hatte ich eigentlich gar nicht vorgehabt, Ivana zu antworten.

„Du hattest genug wovon?", fragte Ivana und schaute mich fest an.

„Von meiner Angst vor dem Sterben", antwortete ich und war über mich selber erstaunt. Doch ich spürte auf einmal, dass ich Ivana mochte.

Ich lächelte ihr zu, und Ivana lächelte für einen Moment zurück.

„Ich habe das auch schon versucht", sagte sie dann. „Mich umzubringen, meine ich."

Ludwig kam an uns vorüber und gleich darauf Rike mit Jonathan, der mal wieder wütend vor sich hin schimpfte und beim Laufen mit den Füßen aufstampfte.

Ich war froh, dass keiner uns ansprach.

„Willst du mitkommen in mein Zimmer?", fragte Ivana und sah mich zweifelnd an.

Ich nickte.

„Es ist da hinten", sagte Ivana und zeigte auf das Ende des Ganges. „Ich habe es übrigens schon dreimal versucht."

Sie öffnete ihre Zimmertür, und ich betrat zum ersten Mal, seit ich hier war, ein anderes Zimmer als meines.

Eigentlich hatte ich erwartet, dass alle Zimmer auf der Station gleich aussahen. Aber bei Ivana hingen viele kleine Fotos an den Wänden, und überall lagen Sachen herum, Bücher und Comichefte und Papier und zerknüllte

140

Anziehsachen. Nur die Gitter vor den Fenstern, die waren gleich.

Die Sonne war inzwischen herausgekommen, beim Mittagessen hatte es noch geregnet.

Wir setzten uns auf Ivanas ungemachtes Bett.

Ivana streckte ihre Arme aus und zeigte mir ihre Handgelenke. Zwischen all den blutigen, verschorften und aufgekratzten Wunden entdeckte ich ein paar knotige, zackige Narben.

„Siehst du? Ich habe mir die Pulsadern aufgeschnitten, immer wieder", erklärte Ivana mir mit ruhiger Stimme, aber ich hörte trotzdem, dass sie nicht ruhig war.

„Warum?", fragte ich leise.

Ivana schaute aus dem Fenster und zupfte an ihren ungewaschenen Haaren.

„Ich war damals zwölf, und es war Krieg im Kosovo, das hast du ja sicher mitbekommen ..."

Ich nickte, obwohl Ivana mich gar nicht anschaute.

„Eines Nachts kamen eine Menge Soldaten in unser Haus. Mein Vater war nicht da, weil er ja auch Soldat war, nur meine Mutter, meine Schwester und ich waren da."

Ivana drehte sich plötzlich zu mir um.

„Sie haben uns alle vergewaltigt, Nora. Immer wieder, meine Mutter, meine Schwester und mich."

Ivanas Augen waren auf einmal ganz starr, und ich konnte die furchtbare Angst sehen, die ich auch kannte.

Wir schauten uns einen Augenblick stumm an, dann wendete Ivana den Blick wieder ab und zurück zu den Bäumen vor ihrem Fenster.

„Es fängt wieder an zu bluten, wenn du immer kratzt", sagte ich. „Und dann heilt es nie."

„Ich weiß", antwortete Ivana achselzuckend.

„Warum tust du es dann?"

„Keine Ahnung", murmelte Ivana und zuckte ein zweites Mal mit den Achseln. „Ich habe diesen Ausschlag nach dieser schrecklichen Nacht in unserem Haus bekommen, und seitdem ist er nicht mehr weggegangen. Früher war er noch viel schlimmer. Erst seit ich hier bin, wird es langsam besser."

Ich betrachtete Ivanas schmächtige Gestalt, ihr blasses Gesicht, ihre strähnigen Haare und ihre schmuddeligen Anziehsachen. Sie kratzte sich schon wieder und schmierte beim Kratzen mehrere dünne Blutspuren auf ihrem vernarbten Unterarm hin und her.

Ivana sah, dass ich sie beobachtete.

„Ich weiß, ich sehe schrecklich aus", sagte sie, und plötzlich klang ihre Stimme ein bisschen gereizt. „Aber das ist mir egal. Ich mag es, so auszusehen. Es soll mich keiner mögen und keiner anfassen, ich hasse das."

„Ich verstehe", sagte ich.

„Ja?", fragte Ivana.

Ich nickte.

„Meine Schwester hat vor zwei Jahren geheiratet, und jetzt hat sie sogar schon ein Baby. Ich finde das eklig. Das beweist doch, dass sie es wieder getan hat. Wie kann sie nur ..."

Ivana verzog das Gesicht. „Ich hasse Männer. Ich hasse sogar meinen Vater. Er ist einfach so wiedergekommen nach dem Krieg, er ist nicht erschossen worden, nur den linken Unterarm hat er verloren von einem Granatsplitter. Ich habe noch kein Wort mit ihm gesprochen, seit er wieder da ist. Er hat uns im Stich gelassen, damals. Wäre er da gewesen, wäre das alles nicht passiert."

Ivana hatte angefangen zu weinen. „Ich habe solche Angst, dass es wieder passieren könnte, dass wieder Männer kommen und mich ..."

142

Sie schwieg und presste eine Hand vor ihren Mund.

Ich legte meinen Arm um sie.

„Aber es ist nicht wahrscheinlich, dass es wieder passiert", flüsterte ich in ihr Ohr.

„Ich weiß", sagte Ivana. „Es ist nicht wahrscheinlich, aber es könnte passieren ..."

Ich nickte.

Ja, so war es, genauso war es.

Auch mir sagten immer alle, ich sei nicht krank. Aber dennoch konnte es passieren, jederzeit und überall.

Ich lehnte mich zitternd an die Wand hinter Ivanas Bett und schwieg eine lange Weile, weil ich keine Ahnung hatte, was ich sagen sollte. Mich hatte mal wieder sämtlicher Mut verlassen, und ich schloss benommen die Augen.

Irgendwann fühlte ich, wie Ivana sich neben mich setzte und ihren Kopf leicht gegen meine hochgezogene Schulter lehnte.

14

Am nächsten Tag ging ich wieder zu Doktor Winkelhoog.

„Bis nachher, Nora", sagte Ulli, die mich diesmal von der Station abgeholt und bis in Doktor Winkelhoogs Büro begleitet hatte, und nickte mir zu. „In einer Stunde hole ich dich wieder ab."

Doktor Winkelhoog fütterte seine Fische, als ich hereinkam, und dann verbrachten wir zehn Minuten damit, den Fischen beim Herumschwimmen und Trockenfutterverspeisen zuzusehen.

„Ich mag Fische", sagte Doktor Winkelhoog gut gelaunt und polierte mit einem Staubtuch das Aquariumglas. „Und du?"

„Ich mag lieber Tiere, die man anfassen und streicheln kann", sagte ich und musste an Ticktack denken.

„Ja, das verstehe ich", sagte Doktor Winkelhoog. „Solche Tiere kann man fast ebenso lieben wie Menschen, nicht wahr?"

Ich nickte.

„Aber wenn sie sterben, ist es dann auch viel schlimmer, als wenn ein Fisch stirbt."

Ich nickte wieder.

„Aquariumfische leben nie sehr lange, musst du wissen", erklärte Doktor Winkelhoog. „Jeden Tag kann es passieren, dass einer, der gestern noch pudelwohl aussah, plötzlich mit dem schuppigen Bauch nach oben im Wasser treibt. So ist das bei Fischen. Aber weil man sie nicht wirklich ins Herz schließt, ist man auch nicht kreuzunglücklich, wenn es passiert. So kann man prima üben, mit dem Tod klarzukommen."

Wir gingen nebeneinander zum kleinen Korbstuhlkreis vor dem Fenster. Heute schien keine Sonne herein, heute war es draußen düster und regnerisch. Dünne Regentropfen prasselten gegen die großen Sprossenfenster.

„Machen wir es uns gemütlich", sagte Doktor Winkelhoog. Dann griff er in seine Tasche und zog gleich darauf einen kleinen, zusammengefalteten Zettel heraus. „Ehe ich es vergesse, hier habe ich eine Adresse für dich."

„Was ist das?", fragte ich und faltete das Papier auseinander. Ich zuckte zusammen. Auf dem Zettel stand der Name meiner Klassenlehrerin und die Adresse der Uniklinik unserer Stadt. Und ganz unten stand: Station 52, Onkologie, Zimmer 15.

„Warum geben Sie mir das?", fragte ich erschrocken.

Doktor Winkelhoog lächelte mir zu. „Ich dachte, du möchtest ihr vielleicht eine Karte schicken. Ich habe mich erkundigt. Deiner Lehrerin geht es den Umständen entsprechend gut. Im Augenblick macht sie eine anstrengende Chemotherapie, aber die Ärzte sind sehr zufrieden und sagen, sie hat alle Chancen, wieder gesund zu werden. Versprechen können sie natürlich nichts, aber es sieht gut aus."

Ich starrte auf den Boden und versuchte, mir nicht anmerken zu lassen, wie elend mir plötzlich zu Mute war. Meine Hände wurden kalt und kribbelten, und plötzlich war es wieder wie in meinem Traum. Ich hatte das Gefühl, Frau Korintenbergs kalte, schlaffe Hand in meiner Hand zu fühlen. Voller Panik krampfte ich meine Finger zusammen.

Der Zettel fiel zu Boden.

„Ich will daran nicht denken müssen", flüsterte ich. „Und ich will nicht an Frau Korintenberg schreiben."

Doktor Winkelhoog hob den Zettel auf und nickte. „Dann werde ich ihn für dich aufbewahren, und wenn du doch eines Tages den Wunsch haben solltest ..."

„Bitte, ich will nichts davon hören", murmelte ich verzweifelt. „Ich bekomme solche Angst, wenn ich an diese Krankheit denke ..."

„Aber Angst zu haben ist ja keine Schande", sagte Doktor Winkelhoog und schaute mich sanft an.

„Mich macht diese Angst verrückt", sagte ich und richtete meinen Blick starr auf das Aquarium, das grün vor sich hin leuchtete. Und dann fing ich plötzlich an zu reden. Ich erzählte Doktor Winkelhoog alles. Einfach alles. Die Maden, der Schutzweg im kleinen Park, unser schwarzer Briefkasten im Treppenhaus neben der Haustür und mein Schutzsatz.

„Sehen Sie, ich bin verrückt", sagte ich zum Schluss und lehnte mich erschöpft in meinem Sessel zurück. Draußen hatte sich der dünne Tröpfelregen in der Zwischenzeit in einen düsteren Regenguss verwandelt.

Aber Doktor Winkelhoog schüttelte den Kopf. „Ich sehe nicht, dass du verrückt bist", sagte er lächelnd. „Ich sehe nur ein sehr dünnes und sehr aufgeregtes Mädchen, das sich eine Menge hat einfallen lassen, um ganz und gar alleine mit seiner großen Angst fertig zu werden. Und das ist ja ganz in Ordnung so."

„Sie finden es nicht verrückt, gegen Briefkästen zu klopfen und Kleinkinderverse vor sich hin zu sagen?", fragte ich überrascht.

„Nein", antwortete Doktor Winkelhoog. „Es hat dir ja eine ganze Weile lang geholfen, und darum kann es nicht ganz schlecht gewesen sein."

„Sie meinen, ich dürfte das ruhig wieder tun?"

Doktor Winkelhoog nickte gelassen, und ich konnte es kaum glauben.

Ich bekam Herzklopfen vor Erleichterung, als ich dieses Nicken sah. Dieses Nicken machte, dass ich mich plötzlich nicht mehr ganz so trostlos fühlte.

„Es ist nichts verboten, Nora, was dir auf deinem Weg hilfreich ist. Angst ist ganz in Ordnung, Angst darf man ruhig haben, schlimm wird es erst, wenn die Angst in Panik umschlägt, nicht wahr?"

Ich nickte.

„Und wenn du in Panik gerätst, weil du es morgens nicht geschafft hast, heimlich an euren Briefkasten zu klopfen, dann ist es Zeit für einen neuen Weg, habe ich Recht?"

Ich nickte wieder.

„Darf ich Sie etwas fragen, Doktor Winkelhoog?", sagte ich nach einem stillen Augenblick.

„Natürlich darfst du das", erwiderte Doktor Winkelhoog.

Ich holte tief Luft. „Werde ich eines Tages wieder ganz gesund sein?"

„Ja, das wirst du."

„Sind Sie sicher?"

„Das bin ich."

„Und dann? Wie werde ich dann sein?"

„Dann wirst du dein ganz normales Leben weiterführen, und in dein Zimmer auf der jugendpsychiatrischen Station wird ein anderes Mädchen oder ein anderer Junge einziehen, der dann die Hilfe braucht, die du jetzt brauchst."

„Aber wenn es mir wieder mal schlecht gehen sollte, dann könnte ich herkommen?"

„Natürlich."

Ich atmete auf, und als einige Minuten später Ulli an die Bürotür klopfte, um mich abzuholen, war ich plötzlich bester Stimmung.

„Bis morgen, Doktor Winkelhoog", sagte ich und genoss das Gefühl, endlich mal wieder vergnügt zu sein.

Es regnete tagelang. Meine Einzelgespräche bei Doktor Winkelhoog wurden auf den Nachmittag verlegt, weil Doktor Bergmann mir verkündet hatte, dass ich ab sofort am Schulunterricht teilnehmen sollte.

„Dabei habe ich überhaupt keine Lust auf Schule", sagte ich seufzend zu Ivana, während wir nebeneinander durch den kleinen, nass geregneten Klinikgarten gingen. Das durchweichte Gras unter unseren Füßen quietschte. Wir waren bei diesem Wetter die Einzigen, die sich draußen herumtrieben, alle anderen waren in ihren Zimmern, im Gemeinschaftsraum oder in den Werkstätten. Das Schwimmbad war seit ein paar Tagen geschlossen, weil die Wasserpumpe defekt war. Jonathan hatte an dem Tag, als das Schwimmbad geschlossen worden war, im Musikraum mit lautem Wutgebrüll ein Riesendurcheinander angestellt. Seitdem war auch der Musikraum abgeschlossen.

„So wie es aussieht, wäre ich in diesem Jahr sowieso sitzen geblieben", sagte ich und legte den Kopf in den Nacken. „Warum soll ich mich also hier noch weiter mit dem Kram herumplagen?"

Der Himmel war grau bedeckt, nur ganz weit hinten über dem Wald war das Graue ein bisschen lichtdurchlässig, und dahinter schimmerte es blassblau. Schön sah das aus, kühle Regentropfen tropften mir ins Gesicht.

„Mach das nicht, das sieht traurig aus", sagte Ivana nervös. „Wie Tränen, als ob du weinst."

Ich zuckte mit den Achseln und ließ mein Gesicht weiter nass regnen.

„In zwei Stunden besucht mich meine Mutter", sagte Ivana plötzlich.

Ich bekam Herzklopfen, als ich das hörte.

„Warum kommen deine Eltern eigentlich nie?", fuhr Ivana fort, während ich das In-den-Himmel-Schauen hastig aufgab und mir mein nasses Gesicht mit dem Jackenärmel trockenrieb.

„Ich will sie nicht hier haben", sagte ich und biss mir auf die Lippen.

„Und warum nicht?"

„Ich weiß nicht genau", murmelte ich bedrückt und hatte auf einmal ganz deutlich das Gesicht meiner Mutter vor Augen. Ich schluckte nervös, weil da plötzlich Bilder waren, an die ich mich bisher nicht hatte erinnern können:

Ich wurde getragen wie ein Baby – in einem sehr kalten Raum mit grünen Kacheln – mein Kopf hatte keinen Halt und fiel schwer nach hinten – laute Stimmen und viel Licht waren um mich – und Gesichter, die mich anstarrten – auch das Gesicht meiner Mutter, das sehr weiß war –

dann das Gesicht eines grün gekleideten Mannes, der meinen Mund aufdrückte –

„Nora, was ist?", fragte Ivana in diesem Moment.

„Nichts …", murmelte ich benommen und wusste mit einem Mal, wie es gewesen war.

Jemand hatte mir einen kalten Schlauch in den Mund geschoben, es hatte wehgetan, meine Zunge wurde eingequetscht, und man hatte mir mit einem harten Daumen das Kinn zurückgeschoben, während da noch andere Hände waren, die sich gegen meine Backen pressten und so meinen Mund weit aufzwangen …

Und dann hatte ich würgen müssen, weil etwas Großes, Hartes durch meinen Hals gedrückt wurde. Meine Mutter war verschwunden gewesen, jemand hatte sie am Arm von mir weggezogen, und dann waren mir meine Augen wieder zugefallen, und die Dunkelheit hatte mich einmal mehr umhüllt.

So plötzlich wie sie gekommen war, verschwand die Erinnerung wieder.

„Bist du vielleicht wütend auf deine Eltern?", fragte Ivana.

Im ersten Moment hatte ich das Gefühl, ihre Stimme käme von weit her, um mich zurück in den nassen Klinikgarten zu holen.

Ich riss mich mühsam zusammen und zuckte mit den Achseln. „Wütend – nein", hörte ich mich sagen und runzelte die Stirn vor Unruhe. „Aber mein Vater … er hat …"

Ich brach mitten im Satz ab und dachte an das letzte Gespräch zwischen meinen Eltern, das ich mit angehört hatte. Im Grunde war es weniger ein Gespräch als ein trauriger, misstrauischer Streit gewesen.

Ich holte tief Luft. „Ich glaube, mein Vater betrügt meine Mutter."

Ich atmete auf, weil es jetzt heraus war, zum ersten Mal hatte ich diese Vermutung laut ausgesprochen.

Ivana schaute mich stumm an, und ich war froh, dass sie nicht weiter nachfragte. Auch Doktor Winkelhoog hatte mir schon ein paar Mal vorgeschlagen, meine Eltern zu treffen, aber ich hatte immer schnell den Kopf geschüttelt. Ich ertrug den Gedanken nicht, dass sie mir etwas vorspielen würden, was es vielleicht schon gar nicht mehr gab, nur um mich zu schonen.

Aber der Gedanke, dass mein baumlanger, lustiger Vater mit den vergnügten, himmelblauen Augen meine Mutter und mich betrog, und zwar mit dieser jungen Architektin in seinem Büro, war mindestens genauso schlimm.

„Vermisst du deine Mutter denn nicht?", fragte Ivana schließlich leise. Mir wäre es lieber gewesen, wenn sie weiter geschwiegen hätte, und ich schaute sie gequält an.

„He, Nora und Ivana! Habt ihr gehört, das Schwimmbad ist wieder in Ordnung", rief Ludwig in diesem Moment zum Glück laut aus einem Fenster unserer Station zu uns hinunter. „Was ist, nass seid ihr ja sowieso, wollt ihr nicht eine Runde mit schwimmen kommen?"

Ich schaute meine neue, blasse Freundin an, deren dunkelblonde Haare an ihrem Kopf klebten.

„Wollen wir, Ivana?"

Ivana hob die Schultern. Ich wusste, dass sie, genau wie ich, bisher noch nie unten im Kellerschwimmbad gewesen war. Dabei war sie schon zum dritten Mal in der Klinik.

„Du weißt doch, dass ich Angst habe, mich auszuziehen", sagte sie, und ihre Stimme klang gepresst.

„Ja, ich weiß", antwortete ich und legte vorsichtig meinen Arm um ihre Schulter. „Aber versuchen kannst du es doch mal. Ich bin ja bei dir, und Rike kommt bestimmt auch mit, wenn wir sie fragen."

„Aber Ludwig?", flüsterte Ivana.

„Ludwig tut dir nichts, so viel ist klar", sagte ich.

Ivana nickte.

Und dann gingen wir zusammen ins Haus zurück. Ivana war noch blasser als sonst und sprach kein Wort. Ich lächelte ihr aufmunternd zu.

15

Ivana schaffte es dann doch nicht, ins Wasser zu gehen. Aber sie hatte immerhin die Ärmel ihres Jogginganzugs hochgekrempelt und die grauen Jogginganzughosenbeine bis zu den Knien hochgeschoben und hockte mit angezogenen Beinen auf einem weißen Plastikstuhl neben dem Schwimmbecken und schaute uns beim Schwimmen zu. Und später begleitete sie mich in mein Zimmer und wusch sich dort in meinem kleinen Badezimmer die immer noch feuchten und sehr zerzausten Haare. Anschließend stellten wir uns nebeneinander vor den Badezimmerspiegel und föhnten uns gegenseitig, und Ivana ließ sich von mir sogar ein paar Tupfer Haarbalsam in ihre Haare reiben, und anschließend bürstete ich ihr, Strähne für Strähne, die weichen, glatten Haare.

Und während ich hinter ihr stand und ihre Haare bearbeitete, sagte sie mit einem Mal:

„Komisch ist, dass ich mich bis heute gar nicht richtig an das erinnern kann, was mit mir passiert ist." Ihre Stimme klang plötzlich monoton und sehr leise. „Ich kann mich immer nur an das erinnern, was sie meiner Mutter angetan haben. Ich sehe es die ganze Zeit, und ich höre ihr Schreien und Weinen. Es sah so schrecklich aus, und dabei hatte ich meine Mutter bis dahin noch nicht einmal nackt gesehen. Sie hat sich immer im abgeschlossenen Badezimmer umgezogen."

Ivanas Schultern bebten trotz der Wärme im Badezimmer.

„Und seitdem habe ich immer Angst", flüsterte Ivana. „Immer."

„Ich habe auch Angst", sagte ich. Und dann erzählte ich Ivana von meiner furchtbaren Angst. Und genau wie Doktor Winkelhoog am Tag zuvor erzählte ich ihr von den Madenträumen und dem Schutzklopfen an unserem Briefkasten und von meinem Schutzsatz.

„Es ist verrückt, ich weiß", murmelte ich. „Aber ich habe ihn bestimmt schon ein paar tausend Mal vor mich hin gesagt."

Plötzlich lächelte Ivana leicht. „Ich habe auch so etwas Ähnliches wie einen Schutzsatz", sagte sie und griff nach meiner Hand. „Also, eigentlich ist es ein Lied, eine halbe Strophe von einem Lied, einem kleinen, kindischen, jugoslawischen Schlaflied. Es handelt vom Mond und so, und ich singe mir in Gedanken immer die ersten drei Zeilen, wenn ich Angst bekomme. – Willst du es vielleicht hören?"

Ich nickte, und Ivana begann sehr leise zu singen, ihre Stimme klang ein bisschen wackelig. „Das war's schon", sagte sie nach ein paar Sekunden verlegen. „Für mich singe ich es natürlich tonlos ..."

Wir lächelten uns im Spiegel zu, und komisch war, dass ich mich ganz und gar nicht schlecht fühlte, sondern froh.

„Jetzt glänzen deine Haare schön", sagte ich zu Ivana und legte die Bürste beiseite.

Da klopfte es.

„Herein", rief ich, und Gesa steckte ihr rundes, rotes Gesicht zur Tür herein.

„Hier bist du also, Ivana", sagte sie, und dabei strahlte sie über ihre dicken Backen. Anscheinend freute sie sich, dass Ivana hier war und nicht alleine im Flur herumstand, wie sonst so oft. „Deine Mutter wartet im Besucherraum!"

Ivana nickte und schaute mich an. „Willst du vielleicht mitkommen und meine Mutter kennen lernen, Nora?"

„Okay", sagte ich.

Ivana lächelte mir zu, und zusammen mit Gesa verließen wir mein Zimmer. Im Laufen schob Ivana ihre Pulliärmel sorgfältig nach unten.

„Meine Mutter will immer, dass ich mir die Arme mit Mullbinden verbinden lasse", sagte sie achselzuckend. „Sie glaubt, dann heilt der Ausschlag besser, aber das stimmt nicht. Unter diesen engen, heißen Verbänden juckt es nur noch schlimmer."

Dann waren wir da, und es war das erste Mal, dass ich das Besucherzimmer betrat.

Ivanas Mutter war eine große, dünne Frau mit glatten, schwarzen Haaren, die in einem weichen, glänzenden Knoten an ihrem Hinterkopf hochgesteckt waren. „Ivana!", rief sie, als wir hereinkamen, und griff nach den Händen ihrer Tochter.

„Hallo, Mama", sagte Ivana leise und lehnte sich leicht gegen ihre Mutter. Dann sprachen sie albanisch miteinander. Ivanas Mutter hatte Obst mitgebracht und Blumen und Schokolade und eine CD mit Klavierstücken von Tschaikowsky. Ich wusste inzwischen, dass Ivana Tschaikowsky liebte.

„Das ist Nora, Mama", sagte Ivana schließlich auf Deutsch. „Sie ist meine Freundin."

Ivanas Mutter schaute mich an, und ich musste daran denken, was ihr passiert war, vor vier Jahren in ihrem Haus im Kosovo. Trotzdem sah sie gesund aus und war gesund geblieben und hatte eine Menge kleiner Lachfältchen um die Augen und den Mund herum. Warum nur war sie gesund geblieben und Ivana krank geworden?

„Ich freue mich, dich kennen zu lernen", sagte sie in diesem Moment in gebrochenem Deutsch und gab mir die Hand.

„Hallo", sagte ich leise, und plötzlich hatte ich Sehnsucht nach meiner Mutter, zum ersten Mal seit ich hier war.

Ulli kam herein und brachte uns Tee und den üblichen Nachmittagskuchen, und Ivana wickelte ihre Schokolade aus und bot sie mir und Ulli und ihrer Mutter an.

Ivanas Mutter zeigte uns neue Fotos vom Baby von Ivanas älterer Schwester, und nur ich bemerkte, wie Ivana leicht die Stirn runzelte, während sie die Bilder kurz betrachtete.

Als die Besuchszeit vorüber war, begleiteten wir Ivanas Mutter bis zum Ausgang unseres Pavillons. Ulli ging ebenfalls mit und öffnete die Türen für uns. An der letzten Ausgangstür umarmte Ivanas Mutter ihre Tochter und fing an zu weinen.

„Mama, bitte ...", sagte Ivana nervös, aber Ivanas Mutter weinte immer weiter und redete dabei leise schluchzend auf Ivana ein. Ich verstand kein Wort von dem, was sie sagte, aber denken konnte ich es mir. Und hinterher bestätigte Ivana mir meine Vermutungen.

„Es ging, wie immer, um – meinen Vater. Sie kann einfach nicht verstehen, dass ich ihn hasse und nicht sehen will. Sie sagt, er ist unschuldig, und er musste Soldat sein und konnte uns darum nicht beschützen. Aber er ist trotzdem schuld ..."

Ivanas Stimme klang wieder dumpf und monoton, so wie sie die meiste Zeit sprach. „Und er ist ein Mann, und ich hasse Männer."

154

Und damit drehte Ivana sich um und ging schnell davon. Ich blieb stehen, weil ich wusste, dass man Ivana in solchen Momenten in Ruhe lassen musste. Ihre glatten, langen Haare wehten weich und schön hinter ihr her, und das war das Einzige, was anders war als sonst.

„Es geht ihr schon viel besser als früher", sagte Ulli zu mir, und ihre Stimme klang zuversichtlich. „Und dass sie dich getroffen hat, hat eine ganze Menge damit zu tun."

„Ich glaube, ich möchte meine Mutter sehen", sagte ich ein paar Tage später zu Doktor Winkelhoog.

„Schön", sagte Doktor Winkelhoog und machte sich eine Notiz. „Sie wird sich freuen, wenn wir ihr das ausrichten."

Ich schaute aus dem Fenster.

„Werden Sie sie anrufen?", fragte ich und dachte mit Herzklopfen an unsere Wohnung und an unser Telefon in der Diele und an den Klang, den es hatte, wenn es klingelte. An zu Hause zu denken war immer ein bisschen beunruhigend. Denn dort war ich so krank und ängstlich und verzweifelt gewesen. Alle Wände und Räume dort waren stumme Zeugen für diese Zeit.

„Deine Eltern rufen sowieso jeden Tag an und erkundigen sich nach dir", sagte Doktor Winkelhoog. „Und heute werde ich ihnen ausrichten, dass du dich über einen Besuch deiner Mutter freuen würdest."

Ich nickte und war erleichtert, dass Doktor Winkelhoog mir genau zugehört und verstanden hatte, dass ich nur meine Mutter sehen wollte und nicht meinen Vater.

„Aber deine Eltern sind nicht die Einzigen, die deinetwegen hier anrufen", sagte der dicke Arzt in diesem Moment.

Ich hob den Kopf und schaute ihn an. „Wer denn noch?", fragte ich vorsichtig.

Doktor Winkelhoogs dunkle Augen lächelten. „Da gibt es einen Jakob König, der sich fast genauso oft meldet wie deine Eltern", sagte er. „Und deine Klassenlehrerin hat auch angerufen und sich nach dir erkundigt."

Wieder sprach er von Frau Korintenberg. Ich klammerte mich mechanisch an meinen Sessel.

„Warum hat sie hier angerufen?", stieß ich zwischen den Zähnen heraus. „Sie ist doch – krank und weiß gar nicht, dass ich – hier bin?"

„Wenn ich sie richtig verstanden habe, war eine Schulfreundin von dir bei ihr und hat ihr erzählt, wo du bist. Außerdem hat sie ihr wohl gesagt, wie verzweifelt du warst, als du von ihrer Krankheit erfahren hast, und da hat sie sich um dich gesorgt."

Ich schaute auf meine zitternden Finger hinunter. Das musste Verena gewesen sein, die Frau Korintenberg das alles erzählt hatte.

„Und sie hat sich tatsächlich meinetwegen Sorgen gemacht?", flüsterte ich verwirrt und dachte an all das, was ich über Frau Korintenbergs Krankheit gelesen hatte.

Doktor Winkelhoog nickte.

„Wie kann das sein, wo sie doch selbst – so krank ist?", fragte ich schließlich fast widerwillig.

„Nur weil sie ein Krebsgeschwür hat, ist sie ja trotzdem noch sie selbst. Und genauso wie sie sich als Gesunde um dich gesorgt hätte, tut sie es auch jetzt."

Doktor Winkelhoogs breites Gesicht lächelte mir beruhigend zu.

„Ich sehe aber immer nur den Tod, wenn ich an sie denke", flüsterte ich unglücklich. „Ich sehe sie sterbend vor mir und ohne Haare und ohne Kraft und angeschlossen an schreckliche, unheimliche Krankenhausgeräte."

Doktor Winkelhoog nickte, und da fing ich an zu wei-

nen. Ich weinte und weinte und weinte, bis meine Stunde
zu Ende war, und Doktor Winkelhoog saß still an meiner
Seite.

Erst ganz zum Schluss, ein paar Minuten bevor Ludwig
kam, um mich abzuholen, ergriff er wieder das Wort.

„Die Haare sind deiner Klassenlehrerin wirklich ausgefallen, Nora, mit dieser Vermutung hattest du also Recht.
Aber sterben tut sie deswegen nicht, und um sie herum ist
Leben und nicht Tod, und an lebenserhaltende Maschinen
ist sie im Augenblick auch nicht angeschlossen. Mit der
Kraft hapert es noch, aber die Kraft kommt schneller zurück, als man manchmal meint. Du kannst es selber sehen,
wenn du in den Spiegel schaust. Auch deine Kraft ist
wiedergekommen, nicht wahr?"

Ich schwieg, doch das Zittern in mir drin ließ ein bisschen nach.

„Aber sie könnte immer noch sterben?", fragte ich
schließlich, als ich schon an der breiten Bürotür stand.

Doktor Winkelhoog nickte. „Ja, sie könnte immer noch
sterben", antwortete er und schaute mich an, und ich
merkte, dass er ganz und gar ehrlich mit mir war. „Aber im
Augenblick sieht es nicht danach aus, und das gibt ihr
Hoffnung."

Ich nickte und ging langsam hinaus.

Auf der Station herrschte große Aufregung, als ich zurück-
kam.

„Anuschka ist zusammengebrochen", erzählte mir Aisha
hastig. „Sie haben sie weggebracht."

Ich spürte, wie mir schwindelig wurde vor Schreck.

„Ja, sie haben sie auf die Intensivstation gesteckt!", fügte
Jonathan mit zusammengekniffenen Augen hinzu. Ich
wusste, dass er Anuschka mochte, alle auf der Station

wussten das. Wenn es jemanden gab, den Jonathan mochte, dann waren es Anuschka und die traurige Sina.

„Ich will nicht, dass sie stirbt", jammerte Jonathan und rieb sich seine trockenen Augen. Jonathan weinte nie, er schrie höchstens oder wälzte sich auf dem Boden, oder er zerschlug Dinge, aber richtig weinen hatte ich ihn noch nie gesehen.

„Jonathan, komm, wir gehen jetzt schwimmen", rief Ludwig in diesem Moment und winkte mit Jonathans Badesachen.

„Verschwinde, du Affenarsch!", schrie Jonathan schrill. „Ich geh doch nicht schwimmen, wenn die vielleicht abkratzt."

Ludwig legte seinen Arm um Jonathan, aber Jonathan schlug Ludwigs Arm zur Seite.

„Sie wird nicht sterben, Johnny", sagte Ludwig.

„Woher willst du das wissen, du Affenarsch?", schrie Jonathan.

„Es war nur ein Schwächeanfall, an so etwas stirbt man nicht", erklärte Ludwig und griff erneut nach Jonathans Arm.

„Und was war mit Raffaela?", schrie Jonathan außer sich.

„Raffaela ging es viel schlechter als Anuschka", sagte Ludwig und legte geduldig ein weiteres Mal seinen Arm um den tobenden Jungen. Schritt für Schritt schob er ihn so den Gang entlang, und schließlich wurde Jonathans Geschrei leiser.

„Zum Glück ist dieser Brüllaffe weg ...", sagte Sina erleichtert und schlug laut ihre Zimmertür hinter sich zu. Sie erwiderte Jonathans Gefühle sichtlich nicht.

„Wer war denn Raffaela?", fragte ich Aisha, die immer noch neben mir stand. Bis auf uns beide war der Gang jetzt leer.

„Ich habe nur von ihr gehört", sagte Aisha achselzuckend. „Sie soll magersüchtig gewesen sein wie Anuschka und Helena, und sie ist daran gestorben – hier auf der Station."

„Hier auf der Station?", wiederholte ich erschrocken.

Aisha nickte.

Ich fühlte, wie der Boden unter meinen Füßen weich und wackelig wurde. Schnell lehnte ich mich gegen die Wand.

„Geht es dir nicht gut?", fragte Aisha besorgt.

„Ich weiß nicht."

„Soll ich Rike holen?"

Ich schüttelte den Kopf.

„Willst du zu Doktor Bergmann oder Doktor Winkelhoog?"

Ich schüttelte wieder den Kopf und versuchte, mich zu beruhigen. Ich wollte doch nicht mehr in Panik geraten. Was hatte Doktor Winkelhoog neulich gesagt? Angst sei in Ordnung, nur die Panik sei schlimm. Aber ich hatte immer noch solche Angst vor dieser Panik.

„Weißt du, wo Ivana ist?", murmelte ich schließlich.

„Ich glaube, im Musikzimmer", überlegte Aisha hilfsbereit und legte mir ihren Arm um die Schulter. „Sie wird mal wieder ihren geliebten Peter Iljitsch Tschaikowsky hören, nehme ich an. Soll ich dich hinbringen?"

Ich nickte und ging gleich darauf mit kleinen, vorsichtigen Schritten neben Aisha die Treppe hinauf.

Ivana war tatsächlich im Musikraum, der seit gestern wieder offen war. Jonathan hatte heute beim Frühstück in aller Ausführlichkeit aufgezählt, was alles kaputtgegangen war an dem Nachmittag, als er im Musikraum die Fassung verloren hatte.

„Zwei Trommeln habe ich gefetzt, und das blöde Xylophon hat auch was abgekriegt, und eine Lautsprecherbox hab ich, zack, mit einem Tritt nur, komplett zertreten, aber dann kam leider schon Ludwig angerast wie die Feuerwehr, sonst hätte ich noch viel mehr von dem blöden Musikscheiß zerdeppert ..."

Heute war der Musikraum wieder in Ordnung, und Ivana lag auf einem der beiden Sofas, hatte die Augen geschlossen und die großen Kopfhörer auf den Ohren.

Ich ging langsam auf sie zu, und Ivana öffnete die Augen.

„He, Nora, was hast du denn?", fragte sie sofort.

„Hast du das mit Anuschka mitbekommen?", fragte ich zurück und setzte mich neben sie.

Ivana nickte und beugte sich zur Musikanlage hinüber, um sie auszuschalten.

„Aber es soll nicht so schlimm sein", sagte sie dabei. „Stimmt's, Rike?"

Ich drehte mich um und bemerkte jetzt erst, dass die sommersprossige Sozialarbeiterin ebenfalls im Musikraum war. Sie kniete neben dem niedrigen Regal, in dem die kleineren Musikinstrumente aufbewahrt wurden, und räumte auf.

Rike bestätigte Ivanas Aussage.

„Aber kennst du Raffaela?", fragte ich Ivana daraufhin leise.

„Ja, sie war mal hier auf der Station", antwortete Ivana und zupfte sich gedankenverloren kleine Fussel von ihrem Pulli. Seit ein paar Tagen trug sie nicht mehr ständig ihre alten, unordentlichen Jogginganzüge. Und auch ihre Haare wusch sie sich in letzter Zeit häufiger.

„Wusstest du, dass sie – tot ist?", flüsterte ich, weil ich nicht wollte, dass Rike mich hörte.

Ivana nickte. „Ich war sogar hier, als es passiert ist", antwortete sie und strich sich eine Haarsträhne aus dem Gesicht.

Ich schwieg und biss mir auf die Lippen, bis es wehtat. In meinem Kopf drehte sich alles, und ich war zum ersten Mal, seit ich hier war, versucht, meinen Schutzsatz zu benutzen.

Irgendwie war ich bisher davon überzeugt gewesen, dass einem hier auf dieser Station nichts passieren konnte, dass man hier wirklich sicher war. Aber durch diese unbekannte Raffaela war das mit einem Schlag anders geworden. Sie war hier gestorben, trotz Doktor Winkelhoog und Rike und Gesa und den schützenden Gittern rund um alle Fenster.

Ich stöhnte leise und lehnte mich an Ivana. Schließlich hielt ich es nicht mehr aus.

„Ein Neger mit Gazelle zagt im Regen nie ...", flüsterte ich zitternd. Ivana legte ihren Arm um mich, und ich saß stocksteif da und wartete ab.

Aber es passierte nichts. Meine Angst wurde nicht weniger, wie auch? Wie sollte mir ein kleiner, kindischer Vorwärts-Rückwärts-Satz bei meiner Angst vor der gestorbenen Raffaela helfen?

„Ivana, ich habe solche Angst vor dieser Angst", sagte ich verzweifelt und legte mein Gesicht auf meine angezogenen Knie. Ivana streichelte meine Haare.

„Soll ich dir vielleicht ein bisschen auf der Bratsche vorspielen?", fragte sie schließlich.

„Ich weiß nicht", murmelte ich kläglich und schloss die Augen. Gleich darauf konnte ich fühlen, wie Ivana neben mir vorsichtig aufstand.

„Rike, kann ich den Schrankschlüssel haben?", hörte ich sie fragen. Ich öffnete die Augen und schaute blinzelnd zu, wie Ivana gleich darauf eine Bratsche aus einem alten, dunkelbraunen Koffer auspackte.

„Es ist natürlich nicht meine alte Bratsche von zu Hause, es ist eine andere – mein Vater hat sie mir gekauft, und meine Mutter hat sie mitgebracht", sagte sie, und ihre Stimme klang plötzlich ein bisschen nervös. Langsam führte sie das Instrument ans Kinn. Sie spielte, und es klang traurig und schwermütig, und Rike setzte sich neben mich, und wir hörten zusammen zu.

„Es ist das erste Mal, dass sie wieder spielt", sagte Rike leise, und ihre Stimme klang fröhlich, trotz der traurigen Bratschentöne. „Deine Oboe ist auch hier, möchtest du vielleicht ein bisschen mit mir spielen?"

Ich schüttelte den Kopf und dachte verwirrt darüber nach, wie, wann und warum meine Oboe hierher gekommen war.

„Dein Vater hat sie vergangene Woche gebracht", sagte Rike im nächsten Moment, ganz so, als hätte ich laut gedacht. „Er lässt dich grüßen und würde dich gerne bald besuchen kommen."

Da schloss ich die Augen und presste meine kalten Hände auf mein Gesicht. Ich hatte plötzlich das Gefühl, als müsste mein Kopf jeden Moment platzen, zu viele Gedanken wirbelten darin herum: die gestorbene Raffaela – vielleicht war sie ja sogar in meinem Zimmer gestorben, möglich war das. Mein Vater, der mir meine Oboe gebracht hatte und der meine Mutter betrog, indem er heimlich mit einer anderen Frau schlief. Meine Sorge um Frau Korintenberg und meine Sorge um mich selbst und mein eigenes Überleben ...

Voller Verzweiflung sprang ich auf, und in diesem Moment konnte ich zum ersten Mal Jonathans wilde Zerstörungswut verstehen. Ich hatte auf einmal das dringende

Bedürfnis, laut zu sein, Krach zu machen, meiner Angst entgegenzuschreien, weil sie mich komplett verrückt machte. Ich wollte nicht länger Schutzsätze flüstern und verstohlen gegen Briefkästen klopfen und stumm und alleine kleine, hilflose Runden durch Parks drehen, ich wollte das alles nicht mehr!

Ich stolperte nervös durch den Raum und ließ mich gleich darauf auf den kleinen, schwarzen Hocker fallen, der vor dem großen Schlagzeug stand, auf dem ich bisher noch nie jemanden hatte spielen sehen. Auch ich selbst hatte noch nie ein Schlagzeug angerührt, aber jetzt griff ich nach den beiden Trommelstöcken und begann, einen Riesenlärm mit ihnen zu machen. In meinem Kopf begann es zu dröhnen, und der Boden unter meinen Füßen vibrierte, und sämtliche Luft um mich herum dröhnte und pulsierte und rauschte.

Meine Arme flogen, und meine Handgelenke begannen wehzutun, aber das war mir egal. Ich schlug und schlug gegen das dröhnende Instrument, bis mir der Schweiß über den Rücken lief und meine Schultern bei jeder Bewegung schmerzten und meine Arme vor Erschöpfung zitterten. Dann ließ ich es ruhig werden und saß selbst ganz still da.

„Und jetzt möchte ich mich ausruhen", sagte ich leise zu Rike und Ivana, ohne mich nach ihnen umzudrehen, aber irgendwie wusste ich trotzdem, dass sie noch da waren, dass sie sich meinen wahnsinnigen Lärm angehört und ausgehalten hatten.

Ganz langsam stand ich auf und legte die Schlagstöcke weg und verließ den Raum, in dem es jetzt wieder ganz still war, so als wäre gar nichts passiert.

Ich hatte immer noch ein flaues Gefühl in der Magengegend, aber meine Angst war für den Moment jedenfalls verschwunden.

16

Draußen war es Sommer geworden in der Zwischenzeit. Trotzdem regnete es seit Tagen ununterbrochen. Anuschka war wieder zurück auf unserer Station, und Helena war sogar probeweise nach Hause gegangen. Malte hatte Geburtstag gehabt, und sein Vater hatte ihn für drei Tage abgeholt, aber schon nach zwei Tagen wieder zurückgebracht, weil Malte fast die ganze Zeit im Badezimmer unter der Dusche verbracht hatte.

Ich hatte jetzt, wie die anderen, vormittags vier Stunden Schulunterricht, und Doktor Winkelhoog hatte seine Zustimmung gegeben, dass Ivana und ich in ein Zweierzimmer zusammenzogen.

Seit ein paar Tagen war ein neues Mädchen auf unserer Station.

„Sie heißt Charlotte und hat rote Haare, und sie hat sich wie Nora mit Tabletten voll gestopft, um freiwillig abzukratzen", erzählte uns Jonathan stolz beim Frühstück. „Das habe ich alles herausbekommen. Kinderspiel für einen wie mich, der später mal ein berühmter Detektiv wird."

„Ein unverschämter Schnüffler bist du, weiter nichts", murmelte Sina gereizt.

Ich ging dem neuen Mädchen auf der Station aus dem Weg. Es machte mich nervös, mir vorzustellen, dass sie dasselbe erlebt hatte wie ich: den Mund voller Tabletten gestopft, der schreckliche Geschmack beim Kauen und Herunterwürgen, das kalte Nichts, in das ich hinuntergefallen war, mein baumelnder Kopf und der kalte, harte Schlauch in meinem Hals, mit dem sie das ganze Gift wieder aus mir herausgeholt hatten.

Dafür verbrachte ich jetzt viele Nachmittage im Musikraum, denn Ludwig gab mir Schlagzeugunterricht. Und Sina durfte dafür auf meiner Oboe spielen.

„Heute kommt übrigens meine Mutter", verriet ich Ivana eines Tages. Ich hatte doch noch eine Weile gebraucht, aber vor ein paar Tagen hatte ich Doktor Winkelhoog bei meiner Mutter anrufen lassen.

„Und, freust du dich?", fragte Ivana.

Ich hob die Schultern. „Ich bin mir nicht sicher", antwortete ich nachdenklich.

Um drei Uhr war es so weit. Ich saß am Schlagzeug, und Ivana hockte im Schneidersitz auf einem der beiden Sofas und schaute mir beim Üben zu, als Ludwig durch die Tür kam.

„Nora, deine Mutter ist da."

Ich nickte und legte die Schlagzeugstöcke zur Seite.

„Wie ist es, willst du mitkommen und meine Mutter kennen lernen?", fragte ich Ivana und grinste sie von der Seite an. Eigentlich war ich furchtbar aufgeregt, aber das wollte ich niemandem zeigen, nicht einmal Ivana.

„Beim allerersten Besuch?", fragte Ivana skeptisch.

Ich schwieg einen Augenblick, und dann nickte ich. „Bitte", sagte ich leise, und unsere Blicke trafen sich.

„Okay", sagte Ivana, und dann machten wir uns zusammen auf den Weg.

Meine Mutter stand am vergitterten Besucherzimmerfenster, als wir hereinkamen. Sie sah dünn und aufgeregt und blass aus.

„Hallo, Nora", sagte sie und kam auf mich zu. Sie streckte die Arme aus, als wollte sie mich umarmen, aber dann tat sie es doch nicht und ließ die Arme wieder sinken, aber nicht ganz. Ihre Augen sahen nervös aus, und schließlich stand sie einfach vor mir und schaute mich an.

165

„Ich bin so froh, dich wieder zu sehen", sagte sie leise. „Ich bin so froh, dass du vor mir stehst, so wie früher. Ich habe dich die ganze Zeit immer nur so gesehen, wie wir dich ... Ich meine ..."

Meine Mutter biss sich auf die Lippen und schwieg. Und ich schaute schnell an ihr vorbei, hinaus auf die beiden Bäume, die von hier aus zu sehen waren.

In diesem Moment klopfte es an der Tür. Ich wusste, wer jetzt kam, denn ich hatte ihn selbst darum gebeten.

„Einen schönen guten Tag allerseits", sagte Doktor Winkelhoog hinter meinem Rücken, und ich atmete auf, als ich seine fröhliche, vergnügte Stimme hörte.

„Das ist Ivana, Mama", sagte ich und setzte mich schnell auf einen der Korbsessel, die den Korbsesseln in Doktor Winkelhoogs Büro ähnelten.

Meine Mutter gab Ivana die Hand, wie ihre Mutter mir die Hand gegeben hatte. Auch Doktor Winkelhoog schüttelte meiner Mutter die Hand, und an der Art, wie sie sich begrüßten, konnte ich erkennen, dass sie sich schon oft gesehen haben mussten. Woran man so etwas sieht, weiß ich nicht, aber ich wusste es einfach. Was sie wohl miteinander besprochen hatten?

Meine Mutter war jetzt ebenfalls ein bisschen ruhiger. Sie richtete mir Grüße von Verena und ihren Geschwistern aus und von Bernadette und den anderen aus meiner Klasse.

„Papa lässt dich natürlich ebenfalls grüßen", sagte sie dann.

Ich nickte zu all diesen Grüßen, und dann gingen wir hinunter in den Garten. Ivana und Doktor Winkelhoog kamen auch mit. Während wir zwischen den Bäumen herumliefen, redete meine Mutter ununterbrochen. Sie erzählte mir von ihrem Laden, den sie würde vergrößern können, weil sie es geschafft hatte, die darüber liegende Wohnung zusätzlich anzumieten. „Dort oben werde ich Workshops und Lesungen veranstalten. Als Erstes plane ich eine Ausstellung über Kriege in Europa", sagte sie und lächelte mir zu. Ich lächelte nicht zurück. Krieg, dachte ich nur, und mir wurde ein bisschen kalt. Und dann fiel es mir plötzlich ein.

„Weißt du noch, wie wir das Konzentrationslager Dachau besucht haben, Mama?", fragte ich in eine ihrer raren Redeverschnaufpausen hinein.

„Natürlich", sagte meine Mutter verwirrt und runzelte die Stirn.

„Und erinnerst du dich an die vielen Bücher über das Dritte Reich, die du mir geschenkt hast, als ich gerade erst lesen konnte?"

Meine Mutter schaute mich stumm an.

„Und das Buch über den Jungen, der bei einem Unfall blind wurde? Und die Geschichte von dem Mädchen, dessen Mutter an Krebs stirbt? Und das Buch über den Atomkrieg und den Band über den Super-GAU mitten in Deutschland, bei dem zum Schluss alle sterben?"

Ich lief schneller und schneller, fast rannte ich!

„Nora, was soll das?", fragte meine Mutter nervös.

„Mama, weißt du noch, wie du mir Leas Herzfehler erklärt hast? Weißt du eigentlich, dass ich nächtelang Angst hatte, mein Herz könnte ebenfalls kaputtgehen, so wie Leas Herz kaputt war?"

„Nora, ich …"

„Nein, Mama, jetzt rede ich!", sagte ich und war selbst überrascht, wie aggressiv ich plötzlich war. Es war ähnlich wie neulich im Musikzimmer. „Warum waren wir nicht im Disneyland, als wir wegen Tante Fionas Beerdigung nach Florida geflogen sind? Warum hast du mir von sechs Millionen ermordeten Juden erzählt, als ich gerade erst laufen konnte, und warum durfte ich als Kind nicht Biene Maja und Heidi im Kinderfernsehen schauen wie alle anderen Kinder? Du hast gesagt, dass sei billiger Zeichentrickmist, und dann hast du mir stattdessen Holocaustgeschichten und Atomkriegsgeschichten und Geschichten von sterbenden Kindern vorgelesen ..."

Ich hielt erschrocken inne, als ich merkte, wie laut ich die letzten Sätze herausgeschrien hatte. Ich hatte lange nicht mehr so geschrien. Ich hatte wahrscheinlich noch nie so geschrien. Und ich spürte, wie gut es mir tat.

Meine Mutter war längst stehen geblieben und ich auch.

„Mama, verdammt, hast du eigentlich nie gemerkt, dass ich Angst hatte, dass ich noch zu jung für diese Bücher und dieses ganze Wissen war, dass ich das nicht ausgehalten habe ...?"

Und dann lief ich davon, ohne auf eine Antwort zu warten. Ich fühlte mich kraftlos und müde, und ich verkroch mich für den Rest des Nachmittags in meinem Zimmer. Dort lag ich und starrte die helle Wand an, auf der vereinzelte Sonnenstrahlen herumtanzten, und hörte hinter meinem Rücken Ivana, die mir gefolgt war.

Ich war froh, dass sie da war.

Ein paar Tage später kam meine Mutter wieder. Wir gingen schweigend nebeneinander durch den Klinikgarten. Es regnete. Mittlerweile hatte ich das Gefühl, dass es fast immer regnete.

„Wollen wir nicht lieber zurück ins Besucherzimmer?", fragte meine Mutter vorsichtig.

Ich schüttelte den Kopf.

„Dann komm doch wenigstens zu mir unter den Schirm", bat meine Mutter.

Ich schüttelte wieder den Kopf und ließ mich weiter nass regnen.

Eine Zeit lang schwiegen wir beide.

„Nora, darf ich dich etwas fragen?", unterbrach meine Mutter schließlich die Stille.

Ich nickte.

„Warum willst du Papa nicht sehen, Nora? Du hast dich doch immer gut mit ihm verstanden. Ich meine, ich kann mich nicht daran erinnern, dass ihr euch jemals ernsthaft gestritten habt."

Ich blieb stehen und schaute meine Mutter an. „Zum Streiten war er ja nicht oft genug zu Hause", sagte ich und spürte, wie ich Kopfschmerzen bekam vor Nervosität.

Meine Mutter nickte. „Ja, du hast Recht. Zeit hatte er in den letzten Monaten nicht besonders viel", sagte sie, und ich sah, dass sie etwas dachte, was sie nicht aussprach. „Er hatte eine Menge großer Bauprojekte im vergangenen Jahr, Nora."

Meine Mutter lächelte mir vorsichtig zu. „Komm doch wenigstens unter den Schirm, wenn du schon unbedingt durch den Regen gehen willst", bat sie erneut, und diesmal nickte ich und schlüpfte neben sie unter den Regenschirm. Beim Gehen berührten sich jetzt unsere Schultern.

„Mama, sei bitte ehrlich", sagte ich leise.

„Was meinst du, Nora?"

„Ich habe gehört, wie du mit Papa über diese Carmen gesprochen hast ..."

Der Regen prasselte laut auf den Schirm, und für eine halbe Ewigkeit war er das einzige Geräusch um meine Mutter und mich herum.

„Das hast du also mitbekommen", sagte meine Mutter irgendwann.

Ich nickte und schaute meine Mutter fest an. Wieder dauerte es lange, bis meine Mutter sich entschloss weiterzusprechen.

„In fast jeder Ehe gibt es ab und zu Probleme", sagte sie. „Es gibt eben gute Zeiten und schlechte Zeiten. Wir sind immerhin seit fast achtzehn Jahren verheiratet", fügte sie nach einer Weile hinzu.

„Manchmal, wenn man sich schon sehr lange liebt, kommt es eben vor, dass ein Partner sich nach etwas Spannendem, Neuem sehnt ..." Plötzlich klang ihre Stimme traurig. Dann sagte sie nichts mehr, sondern stand nur da und schaute mich an. „Nora, es tut mir so Leid, dass ich dir nicht einfach sagen kann, dass alles in Ordnung ist zwischen deinem Vater und mir. Aber das wäre gelogen."

Ich nickte langsam. „Werdet ihr euch – trennen?", fragte ich leise.

Meine Mutter schüttelte den Kopf. „Nein, das werden wir nicht tun. Zumindest nicht in absehbarer Zeit. Was irgendwann sein wird, weiß ich natürlich nicht."

„Klar", sagte ich und lächelte meiner Mutter ganz leicht zu. Ich hatte Herzklopfen. Das Leben war schwierig, keine Frage.

Ivana konnte wieder einem brutalen Mann begegnen.

Meine Eltern konnten sich jederzeit dazu entschließen, sich doch zu trennen.

Frau Korintenberg konnte an ihrer Krankheit sterben.

Und auch mir konnte immerzu etwas zustoßen.

Aber es konnte eben auch alles gut gehen.

„Ich bin müde, Mama", sagte ich. „Ich würde jetzt gerne zurückgehen und mich aufwärmen und alleine sein."

Meine Mutter nickte und streichelte für einen winzigen Moment mein kaltes Gesicht. Es war das erste Mal, dass sie das wieder tat, und es fühlte sich schön an.

Zwei Tage später fragte mich meine Mutter, ob ich nicht den Wunsch hätte, nach Hause zu kommen.

Ich schüttelte den Kopf.

„Gefällt es dir hier denn so viel besser?"

„Ich weiß nicht", sagte ich nachdenklich. „Es ist einfacher hier, das ist es wohl."

Meine Mutter nickte und seufzte, und ich fragte mich, ob sie es mir übel nahm, dass ich noch nicht nach Hause wollte.

Nach und nach kam mein altes Leben zurück. Zuerst kam Verena. Ivana und ich gingen ihr durch den Park entgegen.

„Nora!", schrie Verena, als sie mich sah, und rannte los. Und dann war sie wie immer. Sie überrumpelte mich mit tausend Fragen und unterhielt sich mit Ivana, als würde sie sie schon ewig kennen, sie schüttelte Rike und Gesa die Hand und rüttelte grinsend am Gitter vor unserem Zimmer.

„Das ist ja ein ziemlich gemütlicher Knast, in den du dich da verkrochen hast", sagte sie und betrachtete sich anschließend ausgiebig Ivanas kleine Fotogalerie, die Ivana auch in diesem Zimmer fein säuberlich an die Wand neben ihrem Bett geklebt hatte.

Erst als die Besuchszeit fast um war, wurde Verena ruhiger. Zu zweit liefen wir durch den stillen Pavillon und sprachen eine Weile kein Wort. Erst an der Ausgangstür öffnete Verena den Mund.

„Ich konnte es erst gar nicht glauben, als Jakob es mir erzählte", sagte sie leise. „Dass du dich umbringen wolltest, meine ich."

Verena seufzte. „Ich habe stundenlang und tagelang und wochenlang darüber nachgedacht, warum du das wohl getan hast. Mir fiel ein, wie still und nervös und traurig du in der letzten Zeit gewesen warst, bevor du diese Tabletten geschluckt hast, und mir fiel auch ein, dass ich mich in genau dieser Zeit ziemlich oft mit Bernadette getroffen habe. Du hast mich wahnsinnig gemacht mit deiner Trübsal, Nora. Und jetzt tut es mir so Leid. Ich wusste ja nicht, wie schlecht es dir ging."

Verena schaute mich unsicher an. „Bist du mir böse deswegen?"

Ich schüttelte den Kopf, und ich spürte, wie sehr ich Verena mochte, aber ich war trotzdem froh, als sie schließlich gegangen war und ich zurück in mein kleines, stilles Zimmer gehen konnte, in dem Ivana am Fenster saß und einen Brief an ihre Großmutter im Kosovo schrieb.

In der Nacht gewitterte es. Den ganzen Tag über war es schwül und windstill und drückend draußen gewesen, und schon gegen Abend hatte es ab und zu leise gedonnert, aber da war das Unwetter noch weit weg gewesen. Ivana war am späten Nachmittag sehr nervös geworden und hatte sich still in ihrem Bett verkrochen. Abends ließ sie sich von Doktor Bergmann eine leichte Schlaftablette geben.

„Es klingt wie Krieg – ich hasse Gewitter", sagte sie gereizt, schloss schnell die Augen und drehte sich zur Wand.

Als ich mitten in der Nacht wach wurde, konnte ich Ivana leise schnarchen hören. Helle Blitze zuckten durch das kleine Zimmer, und der Donner, der den Blitzen folgte, war schrecklich laut. Ich knipste vorsichtig mein Nachtlicht an und schaute zu Ivanas Bett hinüber. Ivana lag ganz entspannt auf dem Rücken. Ihre Bettdecke hing halb aus dem Bett, und sie lächelte im Schlaf, ihr Atem ging ruhig. Das konnte doch nicht nur von dieser einen, kleinen Tablette kommen, von der Frau Doktor Bergmann uns gesagt hatte, sie sei rein pflanzlich. Leise stand ich auf, deckte

Ivana vorsichtig wieder zu und ging anschließend zum Fenster. Immer wieder musste ich zu ihr hinübersehen. Sie sah so heil und gesund aus in diesem Moment. Ich lächelte ihr zu, weil ich mir plötzlich sicher war, dass sie eines Tages wieder ganz in Ordnung kommen würde.

Irgendwann wendete ich meinen Blick ab und schaute durch die Gitterstäbe nach draußen. Zwischen den hellen Blitzen war es sehr dunkel. Ich schaute über den Klinikgarten und die Wohnsiedlung, die dahinter lag, bis zum dunklen Wald am Stadtrand.

Vorsichtig öffnete ich das Fenster einen Spaltbreit. Kalte, nasse Nachtluft wehte zu mir hinein, und ich lehnte meine Stirn gegen die kühle Fensterscheibe. Ich zog mein Pyjamaoberteil enger um mich und sah in den unruhigen Gewitterhimmel hinauf. Der Donner war jetzt schon viel leiser, und die Blitze kamen nicht mehr ganz so schnell nacheinander. Ich betrachtete die Sterne, und für einen Moment gehörte mir diese ganze, riesige, komplizierte Welt, und in genau diesem Moment hatte ich gar keine Angst. Und auch keine Angst vor der Angst. Eine Weile lang traute ich mich kaum, mich zu bewegen, um dieses merkwürdige, leichte Gefühl nicht zu verscheuchen, aber schließlich rührte ich mich doch. Ich schloss leise das Fenster, das Gewitter war verschwunden, nur noch der Regen war da und prasselte leise und beruhigend vor sich hin.

Ich setzte mich an unseren kleinen, hellen Holztisch und lächelte vor mich hin. Vor mir lag Ivanas angefangener Brief an ihre Großmutter und daneben Ivanas Schreibblock und ihr Füller.

Vorsichtig zog ich Block und Stift zu mir herüber.

Und dann schrieb ich einen Brief an meine kranke Klassenlehrerin.

Ein paar Wochen später kam mein Vater. Doktor Winkelhoog hatte ihn angerufen und ihm gesagt, dass ich jetzt bereit war, ihn zu treffen. Ivana war diesmal nicht dabei, aber Doktor Winkelhoog begleitete mich wieder.

„Hallo, Papa", sagte ich leise, als ich meinen baumlangen Vater am Fenster stehen sah. Er stand genauso da wie meine Mutter bei ihrem ersten Besuch. Sein Blick war nervös und angespannt, aber er lächelte mir zu, und anders als meine Mutter traute er sich, mich in den Arm zu nehmen.

„Gut siehst du aus, schöne Tochter", sagte er, während ich stocksteif in seinem Arm stand und darauf wartete, dass er mich wieder loslassen würde. Schließlich tat er es, und ich setzte mich schnell in einen der Sessel.

„Wollen wir nicht lieber in den Garten gehen?", fragte mein Vater und legte seine Hand auf meine Schulter.

Ich schüttelte den Kopf.

„Okay, dann bleiben wir hier", sagte mein Vater und setzte sich ebenfalls. Auch er schien Doktor Winkelhoog gut zu kennen, er lächelte ihm zur Begrüßung zu, so als freue er sich, ihn zu sehen. Trotzdem hatte ich das Gefühl, er wäre lieber mit mir alleine gewesen.

„Ich habe dir auch etwas mitgebracht", sagte er im nächsten Moment und kramte hektisch in seinem Lederrucksack herum.

Ich dachte an die vielen Bücher, die meine Mutter mir bereits hierher mitgebracht hatte, kunterbunt durcheinander gemischt. Böll und Irving, Brecht und Pullman und einen Gedichtband von Rilke.

Mein Vater legte mir schließlich vorsichtig drei CDs auf das linke Knie. „Ich habe eine Weile herumgerechnet und nachgedacht, was ich für Musik gehört habe, damals, als ich exakt so alt wie du war", sagte er erklärend und tippte dann auf die oberste CD. „Da, Udo Lindenberg, ich konnte alle seine Texte mitsingen. Und unter Lindenberg liegt Bob Marley, auch eine Jugendleidenschaft von mir."

Mein Vater lächelte mir zu. „Okay, und unter Bob Marley liegen die guten alten Rolling Stones, die ich ja, wie du weißt, noch heute liebe."

Ich nickte und lächelte zurück. „Danke", sagte ich leise, nahm die CDs von meinem Knie und legte sie auf dem runden Tisch ab, der zwischen uns war.

„Tja ...", sagte mein Vater unschlüssig und zog mit der rechten Hand an seinen linken Fingern, bis sie knackten. Das tat er oft, wenn er nervös war, dabei hasste er diesen Tick, aber lassen konnte er es trotzdem nicht. Schon als Kind hatte er seine Finger knacken lassen, wenn er aufgeregt war, und heute, als stadtbekannter Architekt, tat er es immer noch.

„Ich bin jedenfalls froh, dass es dir wieder besser geht", sagte er, als er alle Finger durchgeknackt hatte. „Du siehst richtig fit aus, Nora, Gott sei Dank."

Ich schwieg.

„Schlagzeug spielst du inzwischen auch, wie ich gehört habe. Und eine ganz gute Matheklausur sollst du hier geschrieben haben, hat Mama mir erzählt. Hut ab, Nora, das sind doch wirklich lauter Topnachrichten ..."

„Die Klausur habe ich zum größten Teil bei Ivana abgeschrieben", gab ich zu und schaute meinen Vater fest an. Mein Vater grinste. „Na ja, halb so schlimm", sagte er schnell. Das ärgerte mich.

„Früher warst du sauer, wenn ich dir erzählt habe, dass ich irgendwo abgeschrieben habe", sagte ich gereizt.

Mein Vater gab mir darauf keine Antwort.

Wir schauten uns stumm an.

„Ich werde übrigens in Zukunft öfter zu Hause sein", sagte er schließlich, und es kam mir so vor, als sage er es nur, um die angespannte Stille zu durchbrechen. „Ich hatte in der letzten Zeit verdammt wenig Zeit für dich, aber ich mache es wieder gut, okay? Mit lauter freier Vater-Tochter-Zeit."

Ich hob die Schultern und spürte, wie sich alles in mir verspannte.

„Und was ist mit der Architektin in deinem Büro?", fragte ich und schaute meinen Vater nicht an bei dieser Frage.

„Was soll mit ihr sein?", fragte mein Vater zurück, und sein Tonfall war wieder so merkwürdig, wie er an dem Tag gewesen war, als meine Mutter ihm dieselbe Frage gestellt hatte.

„Soviel ich weiß, hast du Mama mit ihr betrogen", sagte ich und steckte im Sitzen meine Hände in meine Hosentaschen, weil ich nicht wollte, dass mein Vater sah, wie meine Hände plötzlich zitterten.

„Nora, bitte ...", murmelte mein Vater, und seine schönen, blauen Augen wurden schmal vor Nervosität.

„Was heißt ‚Nora, bitte'? Du hast es doch getan, oder?" Meine Stimme klang auf einmal ziemlich aggressiv.

Mein Vater seufzte und schaute aus dem Fenster. Ich war froh, dass er mich nicht anschaute, denn so konnte ich ihm ins Gesicht sehen.

„Ich glaube nicht, dass hier der richtige Ort und der richtige Zeitpunkt ist, um über ...", sagte mein Vater zum Besucherzimmerfenster.

„Natürlich ist hier der richtige Ort dafür!", unterbrach ich ihn böse. „Du hast Mama belogen, und du hattest nur deshalb keine Zeit mehr, weil du dir eine – eine Freundin zugelegt hast!"

Ich zitterte und schaute aufgeregt zu Doktor Winkelhoog hinüber, der mir zulächelte und es in Ordnung zu finden schien, was ich tat.

So ging es noch eine Weile hin und her. Ich war laut und wütend, und irgendwann fegte ich, ganz in Jonathans Art, die drei CDs vom Tisch, und mein Vater war leise und nervös und verstockt und wollte nicht offen mit mir reden.

„Verdammt, dann verschwinde!", schrie ich schließlich und fing an zu weinen, obwohl ich nicht weinen wollte.

„Nora, bitte ...", sagte mein dünner, hübscher Vater wieder, und es schien ganz so, als sei das wirklich der einzige Satz, der ihm überhaupt noch einfiel.

„Hör auf, dauernd ‚Nora, bitte ...' zu sagen", fauchte ich.

„Was soll ich denn stattdessen sagen?", fragte mein Vater verwirrt.

„Du sollst es zugeben!", fauchte ich weiter. „Du sollst es zugeben, und du sollst sagen, dass es dir Leid tut, wenn es dir überhaupt Leid tut, und du sollst sagen, dass du versuchen wirst, in Zukunft wenigstens nicht mehr zu lügen. Egal, wie du dich letztendlich entscheiden wirst ..."

Ich schwieg und fühlte mich erschöpft und kraftlos. Und mein Vater sah so aus, wie ich mich fühlte.

„Verflixt, Nora, es fällt mir schwer, ausgerechnet mit meiner Tochter über meine außereheliche Affäre zu diskutieren", murmelte er schließlich düster.

„Tu es trotzdem", bat ich.

„Aber, verdammt, gerade nachdem, was du durchgemacht hast, Nora", sagte mein Vater nervös.

Ich nickte, und Doktor Winkelhoog nickte, und ich schaute meinen Vater wieder direkt an. Die Sonne, die vor dem Fenster schien, beleuchtete sein Gesicht. Doktor Winkelhoog reichte mir über den Tisch hinweg ein Taschentuch, und ich putzte mir die Nase.

„Okay, ich hatte also eine kurze Affäre mit Carmen, aber das ist vorbei, und ich möchte gerne weiter mit deiner Mutter zusammenleben – und mit dir natürlich auch", sagte mein Vater schnell, und diesmal sprach er nicht zum Fenster, sondern zum Boden in dem Besucherraum.

„Okay", sagte ich leise und stand danach sofort auf, weil ich merkte, dass ich für den Moment genug hatte. Mir war schwindelig vor Aufregung. „Ich würde jetzt gerne zurückkgehen. Bis demnächst, Papa ..."

Ich ging schnell aus dem Zimmer, die drei CDs lagen immer noch auf dem Teppich, aber ich hatte jetzt einfach keine Kraft, sie aufzuheben.

Ich zitterte von Kopf bis Fuß, aber richtig unwohl fühlte ich mich trotzdem nicht. Ich beeilte mich, zu meinem Schlagzeug zu kommen. Ivana saß bereits im Musikzimmer und wartete auf mich.

„Alles klar?", fragte sie besorgt.

„Ich glaub schon", sagte ich. „Wenigstens für den Moment."

Ich griff nach den Schlagzeugstöcken.

17

„Der ist heute mit der Post für dich angekommen", sagte Doktor Winkelhoog in der nächsten Woche, als ich zum Einzelgespräch in sein Büro kam. Er hielt mir einen an mich adressierten Brief entgegen, und ich erkannte die Handschrift meiner Klassenlehrerin.

„Danke", murmelte ich und nahm das Kuvert zögernd aus Doktor Winkelhoogs Hand. Meine Finger zitterten, als ich ihn aufriss. Frau Korintenberg bedankte sich für meinen Brief, den Rike, Ivana und ich in der vergangenen Woche gemeinsam zur Post gebracht hatten, und sie schrieb mir, dass es ihr schon viel besser ginge und sie in ein paar Tagen aus dem Krankenhaus entlassen werden

würde. Zum Schluss schrieb sie, dass sie sich freuen würde, auch in Zukunft ab und zu von mir zu hören.

Ich legte den Brief zur Seite.

„Gute oder schlechte Nachrichten?", fragte Doktor Winkelhoog.

Ich lächelte ein bisschen. „Gute", sagte ich. „Für den Moment wenigstens, aber sie könnte natürlich immer noch ..."

„... sterben", vervollständigte Doktor Winkelhoog meinen angefangenen und abgebrochenen Satz und nickte.

Ich nickte ebenfalls und seufzte, und in dieser Nacht hatte ich wieder Angst.

Ich wachte schweißgebadet auf. Ich hatte etwas Furcht-
bares geträumt, an das ich mich jedoch nur verschwommen erinnern konnte, aber so viel wusste ich noch: Ich hatte meine kranke Klassenlehrerin besucht, und plötzlich
waren wieder einmal überall Maden gewesen, und sie waren über sie und dann über mich gelaufen, und überall, wo
mich die Maden berührten, wurde ich krank, sterbens-
krank.

Mit einem Ruck wachte ich auf.

„Ivana", flüsterte ich verzweifelt, aber Ivana schlief und
hörte mich nicht. In meinem Kopf drehte sich alles, und
meine nass geschwitzte Haut war kalt und klebrig. Taume-
lig stand ich auf und schnappte nach Luft. Ich hatte das
Gefühl, jeden Moment zu ersticken. Warum wachte Ivana
nicht auf? Unglücklich stolperte ich auf den Gang hinaus
und hatte das sichere Gefühl, gleich das Bewusstsein zu
verlieren.

Irgendwann klopfte ich gegen eine Tür. Vage hoffte ich,
dass es die Tür des Schwesternzimmers war, hinter der die
Nachtwache die Nacht verbrachte.

„Nora, was ist passiert?", fragte die Schwester im nächsten Moment, und da fing ich an zu weinen.

„Ist Doktor Winkelhoog heute Nacht da?", fragte ich, und meine Stimme klang dünn und piepsig und verzweifelt.

„Nein, leider nicht", sagte die Nachtschwester und zog mich ins Schwesternzimmer. Ich sah, wie sie auf den Notrufpiepser drückte. „Aber Doktor Bergmann wird sich gleich um dich kümmern."

Die Schwester lächelte mir zu und drückte beruhigend meine Hand und legte mir eine Decke über die Schultern.

Gleich darauf kam die kleine, dünne Ärztin, die an meinem Bett gesessen und mich begrüßt hatte, als ich wach wurde, damals, an meinem ersten Tag auf der jugendpsychiatrischen Station.

„Ich habe plötzlich solche Angst", stammelte ich benommen und klammerte mich an die fremde Wolldecke, die schwer über meinen Schultern lag. „Und ich fühle mich auch wieder so krank ..."

In meinem Kopf drehte sich alles. Also war es umsonst gewesen, ich war genauso krank und verrückt wie vor vier Monaten, als ich hierher gekommen war.

Ich dachte an die Beruhigungsspritzen, die ich zu Beginn meiner Behandlung ein paar Mal bekommen hatte und die mich schläfrig und ruhig gemacht hatten.

„Kann ich eine Spritze bekommen?", fragte ich nervös.

„Ich glaube nicht, dass du eine Spritze brauchst, um dich wieder zu beruhigen", sagte Doktor Bergmann und legte ihren Arm um mich.

„Doch, bestimmt", murmelte ich und bat wieder und wieder, doch Doktor Bergmann schüttelte nur den Kopf. Und mit der Zeit spürte ich, wie etwas in mir geschah. Anstatt in Panik zu geraten, wurde ich ruhiger, ganz von alleine, und obwohl es nur sehr langsam geschah, war es deutlich fühlbar.

180

„Sind Sie sich wirklich sicher, dass ich nicht krank bin und nicht sterben werde?", fragte ich allerdings noch ein paar Mal leise, und immer versicherte mir die dünne Ärztin geduldig und freundlich, dass sie sich sicher sei. Und auch als ich zum zehnten- und zwanzigsten Mal nachfragte, gab sie mir die gleiche Antwort.

„Ja, Nora, ich bin mir sicher. Du bist nicht krank, und du wirst nicht sterben."

Und irgendwann war es gut.

„Ich glaube, es geht wieder", sagte ich erschöpft und hob den Kopf. „Wie spät ist es?"

Es war drei Uhr nachts, und Frau Doktor Bergmann begleitete mich zurück in mein Zimmer.

Vor dem Fenster saß eine große, schwarze Krähe. Sie blinzelte misstrauisch zu mir hinein und legte den Kopf schief. Dann begann sie zu krächzen, wie Krähen eben krächzen, und es klang schön, und es sah auch schön aus. Ich habe diese plumpen, schwerfälligen und großen Vögel immer schon gemocht, und plötzlich bekam ich Sehnsucht nach draußen. Ich erinnerte mich an Ticktack und unsere Wanderungen durch die Wälder, und ich musste an Jakob und Kasper denken, mit denen ich vor einem halben Leben durch den beginnenden Frühling gelaufen war. Ich versuchte mich daran zu erinnern, wie sich Kaspers graubraunes Zottelfell angefühlt hatte, und da fiel mir Tick-taks weiches, rotes Fell ein, und plötzlich merkte ich, dass ich zum ersten Mal seit langer, langer Zeit an Ticktack denken konnte, ohne seinen Tod vor Augen zu haben.

„Ivana?", sagte ich und hatte Herzklopfen.

„Ja?"

„Ich muss hier raus, wenigstens für eine kleine Weile."

„Raus?"

„Ja, meinst du, ich könnte Rike fragen, ob ich telefonieren kann?"

„Wen willst du denn anrufen?", erkundigte sich Ivana.

„Einen Jungen aus meiner Klasse", sagte ich vorsichtig. Ich hatte bisher noch nie von Jakob erzählt und wusste nicht, wie Ivana es aufnehmen würde, dass es Jakob in meinem früheren Leben gegeben hatte.

„Ist er ... dein ... dein Freund?", fragte Ivana, und ihre Stimme klang ablehnend.

Ich schaute einen Moment stumm vor mich hin. „Ich weiß es nicht genau", sagte ich dann leise. „Er wäre es mal fast geworden, glaube ich, aber dann ..."

Ich schwieg.

Ivana schwieg ebenfalls.

Schließlich gab ich mir einen Ruck und machte mich auf die Suche nach Rike, und zehn Minuten später stand ich nervös am Telefon und wählte Jakobs Nummer.

Jakob selbst hob den Hörer ab, allerdings hatte ich es lange klingeln lassen müssen.

„Jakob, ich bin es", sagte ich und war plötzlich furchtbar aufgeregt.

„Nora!", rief Jakob, und seine Stimme klang erfreut. „Endlich rufst du an. Wenn du wüsstest, wie sehr ich darauf gewartet habe ..."

Für einen Moment war es still zwischen uns. Ich glaube, Jakob dachte, ich würde etwas sagen, und ich dachte, Jakob würde weitersprechen.

Schließlich holte ich tief Luft. „Jakob, ich weiß, ich bin kompliziert, aber hast du Lust, zu mir zu kommen, jetzt gleich? Und könntest du Kasper mitbringen? Ich würde so gerne ein bisschen in die Felder gehen. Und ich habe auch schon gefragt, ob ich darf. Doktor Winkelhoog hat sofort zugestimmt."

In dem Moment hörte ich durch die Telefonleitung ein wildes, wütendes Geschrei, und ich wusste sofort, wer da schrie.

„Verdammt, Eike, nun halt doch ein einziges Mal die Klappe", rief Jakob eilig. „Mensch, Nora, jetzt habe ich mir ungefähr eine Million Mal ausgemalt, wie es sein wird, wenn du in mein Leben zurückkommst, und jetzt, wo du endlich anrufst, hocke ich mal wieder mit meinem Bruder fest."

Jakobs Stimme klang niedergeschlagen.

Ich dachte an Eike und an Eikes Geschrei und sein Herumgezappel und seine dunklen, sanften Augen und daran, wie er ausgerastet war, als ich seine Kakaokanne berührt hatte. Damals hatte ich mir gewünscht, es gäbe Eike nicht, und der Gedanke an ihn hatte mich ganz krank gemacht. Aber jetzt kannte ich die dünne, gereizte Anuschka und die stille Helena und Sina und Charlotte, die beide so oft unglücklich waren, ohne wirklich zu wissen, warum. Und ich hatte Jonathan gerne, der lärmend herumraste und überall Unordnung machte und uns beschimpfte und sich nachts zum Einschlafen selbst laut Lieder vorsang.

„Du könntest Eike doch mitbringen", schlug ich schließlich vorsichtig vor.

„Ginge das denn?", fragte Jakob überrascht.

„Ich denke, schon", sagte ich.

„Okay, dann komme ich", sagte Jakob.

Zwei Stunden später waren sie da. Jakob stand vor dem Pavillon der Jugendpsychiatrie und schaute sich suchend um. An der Hundeleine zerrte Kasper und erdrosselte sich dabei fast, und an Jakobs anderer Hand stand Eike und wiegte sich sanft hin und her.

„Ist er das?", fragte Ivana und schaute aus dem Fenster,

wobei sie sorgfältig darauf achtete, dass Jakob sie von draußen nicht sehen konnte.

„Ja, das ist er", flüsterte ich und spürte, wie ich mich von Kopf bis Fuß nach Jakob sehnte.

„Er hat ja grüne Haare, ein richtiger Punk", sagte Ivana und runzelte die Stirn. Gedankenverloren kratzte sie sich die Arme, und eine ihrer vielen Wunden begann zu bluten.

„Bis nachher, Ivana", sagte ich und lehnte für einen Moment meine Stirn gegen ihre Stirn. Dann ging ich hinaus, und Gesa schloss mir die Türen auf.

„Hallo, Nora", sagte Jakob, als er mich sah.

„Hallo, Jakob", sagte ich, und dann standen wir bestimmt eine Ewigkeit da, ohne ein weiteres Wort zu sagen.

„Verdammt, jetzt habe ich nicht einmal eine Hand frei, um dich in den Arm zu nehmen", sagte Jakob schließlich. „Eike, nun lass mich doch mal los."

Aber Eike wollte nicht und klammerte sich leise jammernd an der Hand seines großen Bruders fest.

„Lass ihn ruhig", sagte ich, und dann nahm ich Jakob die Hundeleine ab.

„Stimmt, so geht es auch", sagte Jakob und griff nach meiner Hand.

Im Feld ließen wir Kasper frei, und er galoppierte zufrieden bellend um uns herum. Schließlich zog sogar Eike seine Hand aus Jakobs Hand. Er holte eine kleine Mundharmonika aus seiner Jackentasche und begann, uns etwas vorzuspielen.

Jakob verzog das Gesicht. „Besonders musikalisch ist er leider nicht", erklärte er mir. „Aber dafür ist er überaus laut und ausdauernd, wenn er erst einmal angefangen hat ..."

Ich schaute zu Eike hinüber, der sich an den Rand eines

Sonnenblumenfeldes gesetzt hatte und uns den Rücken zudrehte.

„Jetzt mag ich ihn", sagte ich leise. „Früher habe ich ihn kaum ausgehalten."

„Ich habe es gemerkt", antwortete Jakob. „Schön, dass du ihn jetzt magst. Ich mag ihn nämlich auch, sehr sogar. Und dich, dich mag ich auch."

Jakob lächelte, und weil er wusste, dass ich sehr kitzelig bin, fing er an, mich zu kitzeln.

„Nein!", lachte ich und versuchte vergeblich, seine Hand zur Seite zu schieben. „Hör auf, ich hasse das."

„Tut mir Leid, ich muss es trotzdem tun", sagte Jakob. „Ich muss dich mal wieder richtig lachen sehen."

Und dann lachten wir. Wir standen eine halbe Ewigkeit vor dem riesigen Feld und lachten wie verrückt. Wir steckten uns immer wieder gegenseitig an, und Eike begleitete unser verrücktes Lachen ausdauernd mit seiner Mundharmonika.

Dann küssten wir uns. Es wurde ein etwas verunglückter Kuss, weil wir mit dem Lachen einfach nicht aufhören konnten. Aber dann hörten wir schließlich doch auf damit, und darum verunglückte unser nächster Kuss nicht.

EPILOG

Mit Leidenschaft
und alles geben,
mit Leidenschaft
mein ganzes Leben,
mit Leidenschaft
an jedem Tag,
krieg ich zurück,
was ich wag.

(Ina Deter)

Nora verbrachte ziemlich genau sechs Monate in der Jugendpsychiatrie, ehe sie wieder nach Hause ging.

Bis dahin war es noch ein weiter Weg, und es gab noch viele Momente der Verzweiflung und der Wut. Mit ihren Eltern führte Nora eine Reihe schmerzlicher Gespräche, bei denen sie lernte, sich selbst besser zu verstehen. Schließlich fühlte sie sich stark genug, um wieder in die Welt nach draußen zu gehen.

Bis heute kämpft sie gegen ihre Ängste, die immer noch nicht völlig verschwunden sind. Nora selbst glaubt, dass sie wohl nie ganz und gar vergehen werden, aber sie hat jetzt einen Weg gefunden, mit ihnen zurechtzukommen.

Bis vor einigen Wochen blieb sie Doktor Winkelhoogs ambulante Patientin und besuchte ihn wöchentlich zu einer einstündigen Sitzung. Jetzt hat sie zu einer Therapeutin gewechselt, die ihre Praxis in demselben Stadtteil hat, in dem Nora wohnt.

Noras früherer Klassenlehrerin geht es gut, sie scheint den Kampf gegen ihre Krankheit gewonnen zu haben.

Noras Eltern haben sich nun doch getrennt, und Nora

und ihre Mutter haben sich eine neue, kleinere Wohnung gesucht. Nora sagt, es hat ihr gut getan, die alte Wohnung, in der sie so schwierige Jahre verbracht hat, hinter sich zu lassen.

Ihren Vater sieht sie nicht regelmäßig, aber dennoch häufiger als früher.

Immer noch spielt sie Schlagzeug. Sie nimmt Unterricht in einer Musikwerkstatt am Stadtrand. Ihre Beziehung zu Jakob ist stabil.

Kurz nach ihrer Rückkehr aus der Klinik schenkte Jakob ihr einen kranken Hund. Bekannte seiner Mutter hatten ihn aus Spanien mit nach Deutschland genommen, sich dann aber mit der Pflege des kranken, schwachen Tieres überfordert gefühlt.

Tagelang war es nicht abzusehen, ob der braunhaarige Mischling überleben würde. Nora wollte ihn eigentlich auf keinen Fall aufnehmen, aber dann versuchte sie es zusammen mit Jakob doch, und der Hund überlebte.

„Er ist im Grunde der hässlichste Hund, den ich je gesehen habe, und nicht mit Ticktack oder Kasper zu vergleichen, aber irgendwie liebt man ihn umso mehr, wenn man um sein Überleben gekämpft hat ...“

Und weil der knochige, langbeinige, spitzohrige spanische Strandhund so eine lange, dünne Schnauze hat, haben ihn Nora und Jakob liebevoll „Langnese“ getauft.

Mit ihm macht Nora jeden Tag lange Wanderungen durch den Stadtwald.

Adressen

Die hier aufgeführten Organisationen bieten Anlaufstellen für Jugendliche, die aus ganz verschiedenen Gründen Hilfe von außen brauchen.

Deutschland

Deutscher Kinderschutzbund
BundesArbeitsgemeinschaft
Kinder- und Jugendtelefon e.V.
(DKSB BAG KJT e.V.)
Die Nummer gegen Kummer
Tel. (0800) 1 11 03 33
bundesweit kostenlos; montags–freitags von 14–19 Uhr
E-Mail: kinderschutzbund.wtal@gmx.de

Deutscher Kinderschutzbund Bundesverband e.V.
Schiffgraben 29
30159 Hannover
Tel. (0511) 30 48 50
Fax: (0511) 3 04 85 49
E-Mail: info@dksb.de
http://www.dksb.de

Bundeszentrale für gesundheitliche Aufklärung
Ostmerheimer Straße 220
51109 Köln
Tel. (0221) 89 92-0
Fax: (0221) 89 92-300
E-Mail: info@bzga.de
http://www.bzga.de

Bundesministerium für Familie, Senioren, Frauen und Jugend
Rochusstraße 8–10
53123 Bonn
Tel. (0228) 93-0
Fax: (0228) 9 30-22 21
E-Mail: poststelle@bmfsfj.bund400.de
http://www.bmfsfj.de

Psychotherapie und Beratung
Psychologisches Institut der Uni Heidelberg
Hauptstraße 47–51
60117 Heidelberg
Tel. (06221) 54 73 50
E-Mail: ZIR9@psi-sv1.psi-uni-heidelberg.de

Schweiz

Schweizerischer Kinderschutzbund
Brunnmattstr. 38/Postfach 344
3000 Bern
Tel. (031) 3 82 02 33

Sorgentelefon für Kinder und Jugendliche:
Schlupfhuus
Schönbühlstr. 8
8033 Zürich
Tel. (01) 2 61 21 21

Österreich

Ö3-Kummernummer
Tel. (0800) 60 06 07
E-Mail: hitradio@oe3.at
www.oe3.orf.at

Österreichischer Kinderschutzbund/
Verein für Gewaltlose Erziehung
Obere Augartenstr. 26–28
1020 Wien
Tel. (01) 3 32 50 01
http://www.con-nex.com/kinderschutz

Was ist eine schöne Nase wert?

Für Helena steht fest: Sie hat kein Glück gehabt, als die Gene verteilt wurden. Warum musste sie ausgerechnet das hässliche Kinngrübchen von ihrem Vater erben? Und wer braucht schon eine Himmelfahrtsnase. Sie jedenfalls nicht. Helena mag sich selbst nicht mehr anschauen. Soll sie sich unters Messer wagen?

Ein sensibler Roman über den Kampf mit sich selbst.

Jana Frey
Schön - Helenas größter Wunsch
Band 80786

fi 80786 / 1

Er hat DICH im Visier...

Helen Vreeswijk
Im Visier des Stalkers
Klappenbroschur
400 Seiten, ab 13 Jahren
ISBN 978-3-7855-6641-1

„Vermisst du mich? Ich weiß, dass deine Eltern nicht zu Hause sind. Soll ich mal vorbeikommen?", flüstert die Stimme am Telefon. Erst glaubt Leonie, ein Mitschüler würde sich einen Scherz erlauben. Doch immer häufiger klingelt ihr Handy und immer heftiger bedroht sie der Fremde. Rund um die Uhr scheint er sie zu beobachten, denn er weiß stets, wo sie ist und was sie tut. Die Angst macht Leonie krank, aber was soll sie machen? Mit ihren Eltern sprechen? Die haben schon genug Sorgen mit ihrer jüngeren Schwester. Ihr Freund Jeroen rät ihr, den Stalker einfach zu ignorieren. Und Leonie hört auf ihn – bis der Unbekannte eines Tages droht, ihre Schwester umzubringen ...